£4.00

Tolles Theater

German for role-playing situations: a new approach

J.E. McGurn B.A.

Illustrated by James Wood

Nelson

Thomas Nelson and Sons Ltd
Nelson House   Mayfield Road
Walton-on-Thames   Surrey
KT12 5PL   UK

51 York Place
Edinburgh
EH1 3JD   UK

Thomas Nelson (Hong Kong) Ltd
Toppan Building 10/F
22A Westlands Road
Quarry Bay   Hong Kong

Thomas Nelson Australia
480 La Trobe Street
Melbourne   Victoria 3000
Australia

Nelson Canada
1120 Birchmount Road
Scarborough   Ontario
M1K 5G4   Canada

First published by George G. Harrap and Co. Ltd 1983
ISBN 0-245-53950-6

This edition published by Thomas Nelson and Sons Ltd 1985
ISBN 0-17-444644-6
NPN 9 8 7

Printed in Hong Kong

Preface

The aim of this book is to help German language learners to cope actively and effectively with twenty everyday situations likely to come the way of the visitor to Germany. The book can be used at many levels, but it will be of particular interest to GCSE pupils, to adult education classes and to those involved in the graded tests which are so popular.

The role-play material can be used in many ways but is designed primarily to be acted out. Each chapter begins with a humorous playlet or sketch containing the phrases and vocabulary basic to a given situation. These playlets use varied and unusual storylines, which represents a departure from the predictability of the standard survival dialogues and the banality of the humdrum activities of conventional families in most course books. Exercises follow, giving practice in the basic material. Once familiarity and confidence have been built up, the language learner is encouraged to use the basic material creatively, in patterns of his own making, determined by his own personality and wishes.

My thanks go to Sally, my wife, for her optimism and support; to Michael Law for his invaluable guidance; to Luise Harland-Lahusen, Elizabeth Brown, Richard Finney, Horst Alt, Anna Harland and Gweno Williams for their advice and ideas. I am also indebted to Betty Filewood who typed so skilfully and tirelessly; and to Robin Sawers for his thoroughness and tact.

I found the following books most useful and am indebted to their authors:
Susan Holden: *Drama in Language Teaching* (Longman 1981)
Alan Maley and Alan Duff: *Drama Techniques in Language Learning*, 2nd Edition (Cambridge University Press 1978)

J.McG.

Introduction

Role-playing has rightly become an important element in language teaching. However, it is not always handled with sufficient imagination thus causing learners to lose interest and motivation. *Tolles Theater* aims to provide a new approach based on classroom experience and an awareness of such dangers. It has been customary first to present a standard situational dialogue consisting of a bare and colourless succession of key phrases, and to follow this with exercises in which the key phrases are repeated with variations, usually simple substitutions. Such a procedure can invite boredom, especially if the exercises become an end in themselves.

This book sets out to teach the wording of the standard survival situations, and to teach them thoroughly, but without losing the learner's motivation. This is done by creating interest in the crucial situational sketches which begin each chapter by means of humour and unusual storylines. The unconventionality of these presentation sketches does not obscure the key phrases but on the contrary serves to make them come alive. Reasonably short and linguistically accessible, the sketches give meaning and context to the key phrases as succinctly, economically and interestingly as possible. They are also so designed that they may be used in a variety of ways. Some will use them as texts to be analysed; others will choose pair or group work (see below) leading to structured improvisation. However, to avoid frustration and loss of morale it is vital to prime pupils with enough information for them to appreciate unaided the gist or punch-line of a sketch. I suggest that key phrases and vocabulary be picked out of the text and perhaps written out before pupils move on to the exercises.

The exercises are designed not only to give practice in the material just presented, but also to take learners gently onwards towards more open-ended situations requiring more imagination. Such improvisation must of course be supported by a sound knowledge of the basic material. However, not all the exercises in a set, which contain varying degrees of difficulty to suit a range of ability, need be attempted by any one learner. Also they can be used in a variety of ways – spoken, written down, acted out, analysed, by individuals, by groups or by a class – so the instructions often leave such choices open. The final exercises consist of scenarios where a degree of improvisation is called for.

Guidelines for teachers

The presentation sketches can be dramatised, but if read one must avoid the typical monotone by ensuring that the students know what the words mean and generate vitality and variety by all possible means. Also participants must be at their ease, both with their task and with those with whom they will work, so they need clear instructions (in English) to be given at the outset, and the chance to plan, discuss and experiment in pairs and groups before embarking on a sketch. And since most opposition comes from those who claim they doubt the value of the method (but in reality feel generally self-conscious and threatened), it is essential they should be convinced of its merits.

Some practicalities: 1. Provide plenty of space. 2. Provide props – hats, menus, pens, aprons, letters and football scarves help to conjure up an imagined scene. 3. Reinforce the basic material half way through a group work session if the pupils have drifted away from the original. 4. Presenting the work of all groups to the class is time-consuming and can be tedious, so either record parts of each group's work and play back a complete version consisting of selected extracts, or select a limited number of groups to perform. A further method would be to pair one group with another; both groups present their own performance, each one listening critically to the work of the other.

Contents

1 Jo versteht schon

A situational playlet practising phrases you need when you don't understand.

Jo Watkins, auf Urlaub in Deutschland, wartet auf einen Bus. Ein Mann an der Haltestelle flüstert Jo etwas zu.

MANN	Möchten Sie eine Armbanduhr? Nur dreißig Mark.
JO	Stone the crows!
MANN	Wie bitte? Wie heißt das auf Deutsch?
JO	Ich weiß nicht. Mein Deutsch ist nicht sehr gut.
MANN	Wo kommen Sie her?
JO	Ich komme aus England.
MANN	Na. Hier ist eine Armbanduhr. Aus der Schweiz. Nur dreißig Mark.
JO	Sprechen Sie bitte langsamer.
MANN	Arm . . . band . . . uhr. Verstehen Sie mich?
JO	Ich verstehe Sie nicht. Es tut mir leid.
MANN	Sie sprechen gutes Deutsch.
JO	Danke für das Kompliment.
MANN	. . . Aber warum verstehen Sie so wenig Deutsch?

JO   Wie bitte?

MANN   Eine Arm . . . band . . . uhr. [*Er zeigt auf Jos Handgelenk*]

JO   Ich verstehe! Sie möchten wissen, wie spät es ist! Es ist sieben Uhr.

MANN   [*Resigniert*] Danke.

JO   Nichts zu danken.

1 *Look again at the dialogue and pick out what you would say in German for:*

a) Sorry?

b) What's that in German?

c) My German is not very good.

d) Please talk more slowly.

e) I don't understand you.

f) I don't know.

g) I've got it!

h) Do you understand me?

i) I'm sorry.

j) Where do you come from?

k) I'm from England.

l) Thanks.

m) Thanks for the compliment.

n) Nothing to thank me for.

2 *Martie is sitting in a tram when the inspector comes along asking for tickets. The inspector is friendly but speaks no English. Fill in the missing words.*

INSPEKTOR   Fahrkarten, bitte!

MARTIE   Ich v _ _ _ _ _ _ _ Sie nicht.

INSPEKTOR   Fahrkarten, bitte! Na. Verstehen S_ _ m _ _ _?

MARTIE   Sprechen Sie bitte l _ _ _ _ _ _ _ _.

INSPEKTOR   Wo k _ _ _ _ _ Sie h _ _?

MARTIE   Wie _ _ _ _? Wie h _ _ _ _ das _ _ _ Englisch?

INSPEKTOR   Es t _ _ _ _ _ leid. Ich w _ _ _ nicht.

MARTIE   Ich v _ _ _ _ _ _ _! Ich k _ _ _ _ _ _ _ Schottland.

INSPEKTOR   Aber Sie _ _ _ _ _ _ _ _ gutes Deutsch!

MARTIE   Danke _ _ _ _ _ _ Kompliment.

INSPEKTOR   Nichts _ _ d _ _ _ _ _. So, Fahrkarten, bitte.

MARTIE   Ach, ja. Hier ist meine Fahrkarte.

3 *Choose the reply (a, b, c or d) which seems to be most likely.*

1   Sie sprechen gutes Deutsch.

a) Es tut mir leid.

b) Wie heißt das auf Deutsch?

c) Nichts zu danken.

d) Danke für das Kompliment.

2   Es ist sieben Uhr. Verstehen Sie mich?

a) Nein, mein Deutsch ist sehr gut.

b) Nichts zu danken.

c) Ja, ich verstehe Sie.

d) Hier ist eine Armbanduhr.

3   Sie heißen Henry Johnson? Wo kommen Sie her?

a) Ich komme aus England.

b) Ich komme aus Italien.

c) Ich komme aus der Schweiz.

d) Ich weiß nicht.

4   Wie heißt 'Armbanduhr' auf Englisch?

a) Zwei Mark fünfzig.

b) Ja, ich komme aus England.

c) Ich spreche Englisch.

d) Ich weiß nicht.

5   Sprechen Sie bitte langsamer.

a) Danke. Ich komme aus Deutschland.

b) Es tut mir leid. Ich bin zu nervös.

c) Danke für das Kompliment.

d) Es ist neun Uhr.

4 *Mr. Jones is sitting in a German café. Frau Rippe at the next table wonders if he knows what the time is. From each bracket choose the phrase which makes most sense.*

FRAU RIPPE   Wissen Sie, wie spät es ist, bitte?

MR. JONES   Wie [lange/bitte/alt]?

FRAU RIPPE   Wie spät ist es, bitte?

MR. JONES   Sprechen Sie bitte [Japanisch/schneller/langsamer].

FRAU RIPPE   Wie . . . spät . . .

MR. JONES   Ich [spreche/danke/verstehe]! Es tut mir leid. Ich habe keine Armbanduhr um.

FRAU RIPPE   Und ich habe kein Glück heute.

MR. JONES   Glück? Wie heißt das [auf Urlaub/auf Englisch/auf dem Handgelenk]?

FRAU RIPPE   Ach, Sie sind Engländer!

MR. JONES   Nein, ich [spreche/danke/komme] aus Wales.

FRAU RIPPE   Ich habe einen Vetter in Cardiff.

MR. JONES   Vetter? Ich verstehe Sie [nicht/gut/perfekt]. Was ist ein Vetter?

FRAU RIPPE   Da kommt mein Bus. Auf Wiedersehen.

5 *Using the key phrases you have been practising, make up conversations in which people have difficulty understanding. You can base your conversations on the pictures and words below.*

die Bohrmaschine	drill
die Arbeit	work
die Straße	road
mein Haus	my house
Ihr Chef	your boss
Sie machen zuviel Lärm	You are making too much noise
Meine Frau schläft	My wife is asleep
ich repariere	I'm repairing
ich rufe . . . an	I'll ring up . . .
zu laut	too loud
furchtbar	terrible
kaputt	broken, damaged

Rockmusik	rock music
klassische Musik	classical music
der Lastwagen	lorry
der Kopfhörer	headphones
Ich höre	I hear
Er stoppt nicht	He's not stopping
Was ist los?	What's up?
Passen Sie auf!	Look out!
Kommen Sie mit!	come with me
gefährlich	dangerous
schnell	fast
krank	ill

8

der Geldwechsel	money-changing
der Geldschrank	safe
das Geld	money
die Polizei	police
der/die Räuber	robber(s)
der Überfall	raid
die Mittagspause	lunch break
Hundertmark- scheine	hundred mark notes
Hilfe!	help!
Was ist los?	What's up?
Wie ist der Kurs heute?	What's the rate today?
Ich warte auf . . .	I'm waiting for . . .
Rufen Sie . . . an	Ring up . . .
gestohlen	stolen
offen	open

6 *Two secret agents meet in a park. Make up a conversation between them using the framework provided.*

The agents exchange code words, not getting them right first time.
The secret message is passed on.
It is not understood.
They end the conversation.

Vocabulary

der Spion	spy
das Codewort	code word
die Mitteilung	message
geheim	secret

2 Das Interview

A situational playlet based on meeting and getting to know someone

Eine Rockgruppe sucht einen neuen Baßgitarrespieler. Sängerin Elke interviewt einen alten Mann mit weißem Haar.

ELKE   Wie ist Ihr Name bitte?

MANN   Wie bitte? Ich höre nicht sehr gut.

ELKE   Wie heißen Sie?

MANN   Ich heiße Beethoven. Aber nennen Sie mich Ludwig.

ELKE   Toller Witz! Wie alt sind Sie denn?

MANN   Ich bin zweihundertzwanzig Jahre alt.

ELKE   Ein Original! Wo kommen Sie her?

MANN   Ich komme aus Bonn. Es ist eine kleine Stadt im Rheinland.

ELKE   Ich kenne Bonn. Was sind Sie von Beruf?

MANN   Ich bin Komponist, aber ich bin im Moment arbeitslos.

ELKE   Wo wohnen Sie, Herr Beethoven?

MANN   In Ödstadt. Meine Adresse ist Fischstraße 8.

ELKE   Was für Hobbys haben Sie?

MANN   Ich fahre Rad. . . . und ich lese.

ELKE   Was spielen Sie gern?

MANN   Ich spiele gern Schach, aber ich spiele lieber Poker.

ELKE   Nein, nein. Was für Musik spielen Sie gern?

MANN   Meistens klassische Sachen. Aber ich interessiere mich auch für Rockmusik.

ELKE   Toll! Wann können Sie anfangen?

MANN   Was? Keine Hörprobe?

ELKE   Hörprobe? Na, Opa, Ihr Image ist spitze. Das ist die Hauptsache. Ich gratuliere.

MANN   Danke. [*Sie geben sich die Hand*]

1 *Herr Blumenkohl is asking Susanne some questions about herself. By picking out key phrases from the sketch, and altering some details, put their conversation into its German form.*

Herr Blumenkohl's questions
What's your name?
How old are you?
Where do you come from?
What do you do?
Where do you live?
What is your address?
What are your hobbies?

Susanne's answers
I'm called Susanne
I'm seventeen
I come from Zurich
I'm a singer
In Dortmund
Beethovenstraße 9
Music and chess

2 *Angelika Schmidt, a bus driver from Dresden, is on holiday in Stralsund on the Baltic coast. Her friends are swimming in the sea. Angelika, however, cannot swim and waits for them in a café where she meets Frau Neumann. Frau Neumann wants to know all about Angelika. Decide which answer Angelika is most likely to give to Frau Neumann's questions.*

1 Wie heißen Sie?

a) Ich heiße Neumann.
b) Ich heiße Angelika, Angelika Schmidt.
c) Meine Mutter heißt Schmidt.

2 Kommen Sie aus Weimar?

a) Ich komme aus Stralsund.
b) Ich komme aus dem Hotel.
c) Ich komme aus Dresden.

3 Wo wohnen Sie hier in Stralsund?

a) Nein, in Dresden, Finkstraße 8.
b) Ich komme aus Dresden.
c) Hotel Strandgut in der Bachstraße.

4 Und was sind Sie von Beruf?

a) Ich bin Busfahrerin.
b) Ich singe gern.
c) Ich interessiere mich für Schach.

5 Wie interessant! Und wie alt sind Sie?

a) Ich bin zwölf.
b) Ich bin zwanzig.
c) Mein Geburtstag ist im Juni.

6 So jung noch! Was für Hobbys haben Sie?

a) Ich bin Busfahrerin.
b) Ich spiele gern Schach.
c) Ich interessiere mich für Wassersport.

3 *Can you complete the conversation below? An English student in Germany is being interviewed for a holiday job.*

DIREKTOR	Wie _ _ _ _ _ _ Sie, bitte?
STUDENTIN	Ich _ _ _ _ _ Jessie Joplin.
DIREKTOR	Und wie _ _ _ sind _ _ _ ?
STUDENTIN	Ich _ _ _ zwanzig.
DIREKTOR	Wo _ _ _ _ _ _ Sie her?
STUDENTIN	Ich komme _ _ _ Leeds in Nordengland.
DIREKTOR	Was _ _ _ _ _ _ _ von Beruf?
STUDENTIN	Ich _ _ _ Studentin und mache Deutsch und Russisch.
DIREKTOR	Was _ _ _ _ _ _ _ _ _ haben Sie?
STUDENTIN	_ _ _ lese und ich _ _ _ _ _ Rad.
DIREKTOR	Sie bekommen den Job. Ich gratuliere.
STUDENTIN	Danke. Wann kann ich anfangen?

4 *Otto Schnupf, retired detective, has never forgotten his old job. He spends his days sitting on a park bench, quizzing anybody who happens to sit next to him. He sets out the information he receives in his notebook immediately after each conversation. The usual format for his questions is set out below. Also shown is a page from his notebook. Use the information you see there to reconstruct each conversation.*

The Format

OTTO SCHNUPF	Ich kenne Sie! Sie heißen Müller, nicht?
ZWEITE PERSON	Nein, ...
OTTO SCHNUPF	Entschuldigung. Aber Sie kommen aus Ulm, ja?
ZWEITE PERSON	Nein, ...
OTTO SCHNUPF	Ich finde die alten Straßennamen so interessant. Wie ist denn Ihre Adresse?
ZWEITE PERSON	....
OTTO SCHNUPF	Ach! Ihre Hände sind so elegant! Was sind Sie von Beruf?
ZWEITE PERSON	....
OTTO SCHNUPF	Toll! Und wie alt sind Sie?
ZWEITE PERSON	....
OTTO SCHNUPF	So jung bin ich nicht mehr. Aber meine Hobbys halten mich fit. Was für Hobbys haben Sie?
ZWEITE PERSON	....

MONTAG 10.00 2.8.83 -12.30

	NAME	HEIMAT-STADT	ADRESSE	BERUF	ALTER	HOBBYS
10.05	FRAU E. WIENERS	WIEN	EICHSTR. 10	BRIEF-TRÄGERIN	55	WANDERN PHOTOGRAPHIE
10.15	HEINI SCHULZ	WIEN	HUBERTALLEE 20	SCHÜLER	16	RADIOTECHNIK FUSSBALL
10.30	BEATE BECKER	WIEN	RINGSTR. 7	AUTORIN	30	HUNDE RADFAHREN SCHWIMMEN
11.30	HERR WUPPER	HAMBURG	HOTEL KLEE KÖNIGSALLEE	TABAKHÄNDLER	60	RAUCHEN SCHLAFEN
11.47	TRUDI MÜLLER	WIEN	DÜRERWEG 16	SCHÜLERIN	17	SINGEN TANZEN GOLF
12.15	HERR IVO JANOS	ZAGREB/WIEN (GASTARBEITER)	BRAUEREI-STR. 90	MECHANIKER	44	KOCHEN FUSSBALL THEATER

5

UND SIE?

Wie heißen Sie?
Wie alt sind Sie?
Wo kommen Sie her?
Wo wohnen Sie?
Wie ist Ihre Adresse?
Was für Hobbys haben Sie?

6 *Make up a sketch in which someone in column A seeks basic information (name, age etc.) from someone in column B.*

A	B
Fernsehreporter(in) (television reporter)	**Popsänger(in)** (pop singer)
Zeitungsreporter(in) (newspaper reporter)	**Patient(in)** (patient)
Partygast (guest at a party)	**Sportler(in)** (sportsman/sportswomen)
Arzt/Ärztin (doctor)	**Schiffskapitän** (captain of a ship)
Polizist(in) (policeman/policewoman)	**Filmstar** (film star)
Zollbeamte (customs official)	**Baron** (baron)
Rechtsanwalt/Rechtsanwältin (lawyer)	**Häftling** (prisoner)
neuer Nachbar/neue Nachbarin (new neighbour)	**Millionär(in)** (millionaire)

3 Herr Huhn ruft den Zoo an

A situational playlet based on a telephone call

HERR HUHN	20 67 95? Hallo? Wiesburger Zoo?
FRÄULEIN WALROSS	Ja. Fräulein Walroß am Apparat. Sie wünschen?
HERR HUHN	Ich heiße Huhn. Ich möchte den Zoodirektor sprechen. Es ist dringend!
FRÄULEIN WALROSS	Ich bin seine Sekretärin. Der Direktor ist im Moment nicht zu sprechen.
HERR HUHN	Aber die Zootiere sind entkommen! Die Affen spielen Klavier in meinem Wohnzimmer!
FRÄULEIN WALROSS	Ich verstehe Sie nicht ganz. Die Verbindung ist schlecht. Ich höre nur Klaviermusik.
HERR HUHN	Die Zootiere sind entkommen! Kamele fressen meine Rosen auf!
FRÄULEIN WALROSS	Trinken Sie eine Tasse starken Kaffee und duschen Sie sich, Herr Huhn. Der Direktor ruft Sie zurück. Wie ist Ihre Nummer, bitte?
HERR HUHN	Duschen kann ich nicht. Ein Nilpferd duscht sich im Moment, im Badezimmer oben . . . Du lieber Gott! Die Decke stürzt ein! Die Decke stürzt ein! . . .
FRÄULEIN WALROSS	Auf Wiederhören, Herr Huhn. Auf Wiederhören.

1 *Here are some lines from a telephone conversation. By picking out key phrases from the text and altering some details, give the German versions of:*

a) Hello? Hotel Heine?
b) Frau Heine speaking.
c) How can I help you?
d) My name is Silbernagel.
e) It's a bad line.
f) I would like to speak to Fräulein Stahl.
g) It is urgent.
h) Fräulein Stahl is not available at the moment.
i) Fräulein Stahl will ring you back.
j) What's your number, please?
k) Goodbye, Frau Heine.

2 *Here are extracts from various telephone conversations; a, b and c are possible responses by the person on the other end of the line. Work out which response is most likely.*

1 Hallo? Ernst Reuter Schule?
a) Der Manager ist nicht zu sprechen.
b) Lehrerzimmer. Frau Mohn am Apparat.
c) Ich rufe Sie Sonntag zurück.

2 Hallo? Herr Struck am Apparat.
a) Ich möchte Herrn Struck sprechen.
b) Hallo Frau Struck!
c) Guten Tag, Herr Struck! Ist Ihre Frau zu sprechen?

3 Buchhandlung Schwalbe. Sie wünschen?
a) Ich bin im Moment nicht zu sprechen.
b) Guten Tag. Ich möchte den Zoodirektor sprechen.
c) Haben Sie 'Das Kapital' von Karl Marx?

4 Ich möchte den Manager sprechen.
a) Der Manager ist entkommen.
b) Der Manager ist im Moment nicht zu sprechen.
c) Ein Nilpferd ruft Sie zurück.

5 Fräulein? Die Feuerwehr, bitte. Es ist dringend.
a) Die Feuerwehr. Moment, bitte.
b) Die Feuerwehr spielt Klavier im Moment.
c) Die Feuerwehr ruft Sie zurück.

6 Frau Herz ruft Sie nächsten Donnerstag zurück.
a) Gut. Es ist dringend.
b) Wann, bitte? Die Verbindung ist schlecht.
c) Ich bin nächsten Dienstag nicht zu sprechen.

7 Ach, da kommt mein Taxi. Ich rufe Sie Sonntag zurück.
a) Auf Wiederhören.
b) Blauer Stern Taxis. Sie wünschen?
c) Ich möchte den Taxifahrer sprechen.

8 Die Verbindung ist schlecht, Fräulein Bender. Ich rufe Sie zurück.
a) Wiederhören, Fräulein Bender.
b) Sie wünschen?
c) Haben Sie meine Nummer?

3 *Fill in the missing lines in these conversations by following the English guidelines.*

(a) [*Phone 76 51 38 and ask for Fräulein Töpfer.*]

FRAU TÖPFER Frau Töpfer am Apparat. Meine Tochter ist im Moment nicht zu sprechen.
[*Give your name. Say it's urgent.*]

FRAU TÖPFER Es tut mir leid. Meine Tochter ist im Bad.
[*Thank Frau Töpfer and say goodbye.*]

FRAU TÖPFER Auf Wiederhören.

(b) [*The phone rings. You pick it up and announce yourself.*]

HERR HUBER Ich heiße Huber. Ich bin Sportreporter für die Bamberger Zeitung. Ist Herr Stiefel da?

[*Say you are his manager and that he is not available at the moment.*]

HERR HUBER Es ist aber dringend. Ich schreibe einen Artikel: 'Alfred Stiefel, Fußballstar aus Bamberg'.

[*Say that Herr Stiefel will ring back and ask for Herr Huber's number.*]

HERR HUBER Meine Nummer ist 55 72 21. So, Wiederhören.

[*Say goodbye.*]

4 *Put in the missing words:*

Telefonzentrale. Sie w _ _ _ _ _ _ _ ?
Ja, ich bin der Manager. Ich h _ _ _ _
Strauß. Ist es d _ _ _ _ _ _ _ ? Ja, aber es
ist meine Mittagspause. Ich r _ _ _ Sie
z _ _ _ _ _ , ja? Ich v _ _ _ _ _ _ _ Sie
n _ _ _ _ ganz. Die Verbindung i _ _
s _ _ _ _ _ _ _ . W _ _ i _ _ I _ _ _
Nummer, bitte? Hallo? Hallo? Hallo?

5 *Make up conversations of your own:*

die Planierraupe(n)	bulldozer(s)
Stadtwerke Köln	Cologne public works department
ein altes Haus	an old house
mein Haus	my house
das Rathaus	the town hall
eine Katastrophe	a catastrophe
die Idioten	the idiots
eine Ruine	a ruin
auf der Hauptstraße	on the main street
sie demolieren	they're demolishing
ich wohne	I live
ich fürchte	I fear
dumm	stupid
falsch	wrong

Hilfe!	help!
ein Problem	a problem
ein Riese	a giant
ein Zwerg	a dwarf
ein Freund	a friend
meine Frau	my wife
in der Hand	in the hand
ich brauche	I need
wo ist . . . ?	where is . . . ?
ich habe Angst	I'm frightened
es tut weh	it hurts
fest	tight

4 Ein Schock für Hanno

A situational playlet based on conversation at table

*Frau Wieners und ihre Tochter, Lotti, haben einen Gast, Hanno, von dem Nachbarhaus.
Sie sitzen am Tisch.*

LOTTI	Hanno, möchtest du noch etwas essen? Hier ist Obsttorte.
HANNO	Nein, danke, Lotti. Die Obsttorte schmeckt prima aber ich bin satt.
FRAU WIENERS	Hanno, möchten Sie noch etwas trinken? Was trinken Sie gern?
HANNO	Ich trinke gern Tee, Frau Wieners.
FRAU WIENERS	Was? Tee trinken Sie? Tee, Hanno, kommt nicht in Frage.
HANNO	[*immer diplomatisch*] Aber ich trinke lieber Kaffee, Frau Wieners.
LOTTI	Gib mir deine Tasse, Hanno. Mutti, reich mir bitte die Kaffeekanne.
	Lotti gießt ein. Plötzlich sind Kamera und Mikrofon bei dem Tisch. Frau Wieners hat ein Paket Bohnenkaffee in der Hand.
FRAU WIENERS	Kassakaffee, frisch und stark.
	Ein halbes Kilo nur sieben Mark.
	Haben Sie zu Hause schon entdeckt
	Wie guter Bohnenkaffee schmeckt?
HANNO	[*flüstert*] Ach du, was ist mit deiner Mutter los?
LOTTI	Sie macht Werbung für das Fernsehen.
FRAU WIENERS	Mit Brötchen, Kuchen and mit Torte
	Trink Kassakaffee, die beste Sorte.
LOTTI	So, Hanno, wie schmeckt dir der Kaffee?
HANNO	Nicht so gut. Er schmeckt zu bitter. Lotti, das ist zuviel.
LOTTI	Zuviel Kaffee, Hanno?
HANNO	Nein, zuviel Quatsch von deiner Mutter.
LOTTI	Komm, Hanno. Ich wasche ab und du trocknest.
	[*Sie gehen in die Küche*]
FRAU WIENERS	[*ruft*] Schmutzige Teller? Probieren Sie 'Zauber'!
	Er macht sie alle blitzschnell sauber.

1 *Look at Frau Wiener's and Lotti's lines and pick out the German for:*

a) Would you like some more to eat?
b) Would you like some more to drink?
c) Give me your cup.
d) Pass me the coffee pot.

e) Do you like the coffee?
f) I'll wash.
g) You dry.

Now look at Hanno's lines and pick out the German for:

a) The fruit flan tastes great.
b) I'm full.
c) I like tea.

d) I prefer coffee.
e) It tastes too bitter.

2 *The table below will help you to say what you dislike, like, prefer and like most of all.*

Ich	esse trinke	nicht gern gern lieber am liebsten	Bier Tomatensuppe Blutwurst Apfelsaft Blumenkohl Sauerkraut deutsches Brot Tee mit Milch

How would you say that you

a) don't like pickled cabbage.
b) don't like beer.
c) like apple juice.
d) like black sausage.

e) prefer tea with milk.
f) prefer tomato soup.
g) like German bread most of all.
h) like cauliflower most of all.

3

Und Sie?
Essen Sie gern Salat?
Trinken Sie gern Cola?
Essen Sie gern Schokolade?
Trinken Sie gern Limonade?
Was essen Sie gern?
Was trinken Sie gern?
Was essen Sie nicht gern?
Was trinken Sie nicht gern?
Was essen Sie lieber, Butter oder
    Margarine?
Was trinken Sie lieber, Orangensaft oder
    Apfelsaft?
Was essen Sie am liebsten?
Was trinken Sie am liebsten?
Guten Appetit!

4 *Choose the response (a, b or c) which seems most likely:*

1 Möchten Sie noch etwas essen?

a) Hier ist Cola.
b) Nein danke, ich bin satt.
c) Ein halbes Kilo, bitte.

2 Was trinken Sie gern?

a) Ich trinke nicht gern Milch.
b) In einem Café.
c) Ich trinke gern Limo.

3 Was trinken Sie lieber, Tee oder Kaffee?

a) Mit Milch und Zucker, bitte.
b) In England, Tee; in Deutschland, Kaffee.
c) Tee oder Kaffee.

4 Was ist das?

a) Das ist Rotkohl. Probieren Sie Rotkohl, Kevin!
b) Das ist zuviel.
c) Die Kaffeekanne schmeckt gut.

5 So, Thomas, wie schmeckt dir das Brot?

a) Hier ist Brot.
b) Ich bin satt.
c) Es schmeckt zu trocken.

6 Orangensaft! Prima!

a) Gut, Ralph. Gib mir dein Glas.
b) Reich mir den Orangenbaum.
c) Mit Milch und Zucker?

5 *Using the key phrases you have been practising, make up conversations which might occur at table. You might base your conversations on the pictures and extra vocabulary below.*

das Messer	knife
die Gabel	fork
der Löffel	spoon
der Teller	plate
die Tasse	cup
das Glas	glass
die Flasche	bottle
das Salz	salt
der Pfeffer	pepper
das Frühstück	breakfast
das Mittagessen	lunch
das Abendessen	supper
der Nachtisch	dessert

das Brot	bread
der Käse	cheese
der Salat	salad
die Wurst	sausage
das Ei	egg
die Kartoffel(n)	potato(es)
das Fleisch	meat
mit Butter darauf	with butter on it
süß	sweet
sauer	sour
lecker	tasty
durstig	thirsty
hungrig	hungry
Ich habe einen Bärenhunger	I'm starving (hungry)

5 So ein Restaurant!

A situational playlet set in a restaurant

Peter und Helga sind in einem Restaurant. Der Kellner steht vor der Musikbox.

PETER	Herr Ober! Die Speisekarte, bitte!
KELLNER	Ich komme. . . . Zwei Mark bitte.
HELGA	Was? Die Speisekarte kostet zwei Mark?
KELLNER	Speisekarten sind nicht billig.
PETER	Was empfehlen Sie?
KELLNER	Nichts. Die Suppe ist kalt. Der Wein ist sauer und das Fleisch ist fünf Tage alt.
HELGA	Ich möchte Salat bitte.
PETER	Für mich, gegrillte Heringe. Haben Sie Pilzsauce?
KELLNER	Nein, nur Ketchup. So, wie lange muß ich warten?
PETER	So ein Restaurant! Ich esse Heringe mit Ketchup. Und wir trinken Mineralwasser.
	Der Kellner bringt das Essen. Er wartet am Tisch.
KELLNER	Wie schmeckt's?
PETER	Die Sardine schmeckt O.K.
HELGA	Und der Wurm im Salat ist lecker. Aber Nachtisch möchten wir nicht, danke. Zahlen, bitte.
KELLNER	Prima! Hier ist die Rechnung. Hundert Mark, bitte.
PETER	Hier sind zwei Fünfzigmarkscheine. Der Rest ist für Sie. Auf Wiedersehen.

1 *Find in the sketch the German for the following:*

a) Waiter!

b) the menu

c) two marks, please

d) What do you recommend?

e) I'd like salad, please.

f) Do you have mushroom sauce?

g) How long must I wait?

h) How does it taste?

i) The sardine tastes O.K.

j) We'll have no dessert.

k) We'd like to pay, please.

l) Here is the bill.

2 *Editor's note: Unfortunately our word processor has failed to print out all the words beginning with 's' in this exercise. We trust readers will have no difficulty, as the missing words are all to be found in the main sketch.*

MONIKA   Herr Ober! Die _ _ _ _ _ _ _ _ _ _ _ , bitte!

            Was empfehlen _ _ _ ?

KELLNER   Ich empfehle Rumpsteak mit Pommes Frites.

MONIKA   Nein, danke. Ich halte Diät. Ich esse _ _ _ _ _ , bitte.

KELLNER   Kohlsalat, Kartoffelsalat, Fleischsalat oder Obstsalat?

MONIKA   Kohlsalat, bitte. Und ich möchte eine _ _ _ _ _ .

KELLNER   Tomatensuppe, Pilzsuppe oder Ochsenschwanzsuppe?

MONIKA   Pilzsuppe, bitte. Und ich esse gern Fisch. Ich möchte _ _ _ _ _ _ _ _ auf Toast, bitte.

            [*Der Kellner bringt das Essen*]

KELLNER   Wie _ _ _ _ _ _ _ _'s?

MONIKA   Es _ _ _ _ _ _ _ _ furchtbar! _ _ ein Restaurant!

3 *Below is a conversation between a customer in a café and the waitress. The waitress's replies are in the correct order. However, the customer's lines need to be put in the correct order for the conversation to make sense.*

Apfelstrudel, bitte. Wie lange muß ich warten?

Ich esse kein Fleisch. Haben Sie Kartoffelsalat?

Ich möchte zahlen, bitte.

Ach ja! Was empfehlen Sie?

Fräulein! Die Speisekarte, bitte!

Ich bin nicht durstig.

Wir haben keine. Die Preisliste ist oben.

Ein halbes Hähnchen oder Currywurst.

Ja, das haben wir. Und zu trinken?

Möchten Sie einen Nachtisch?

Fünf Minuten oder so.

Hier ist die Rechnung.

4 *Here are some sentences which have been split into two. Rearrange the column B lines to match up with the column A lines.*

A	A	B	B
Was	Es schmeckt	Schweinesteak, bitte.	schmeckt's?
Ich esse	Wie	muß ich warten?	gut.
Ich trinke	Herr	Ketchup?	Mineralwasser, bitte.
Haben Sie	Rotwein	für mich, bitte.	empfehlen Sie?
Wie lange	Hier ist	die Rechnung.	Ober!

5 *Here is a conversation between Martin and a young lady serving behind a counter in a café. Fill in the gaps. A list of words is supplied below. Often more than one word will fit so you may have a choice.*

MARTIN Haben Sie eine . . . . , bitte?

FRÄULEIN Das haben wir nicht. Die . . . . ist auf der Tafel.

MARTIN Ich . . . . Bratwurst mit . . . . , bitte.

FRÄULEIN Ja, und zu trinken?

MARTIN . . . . , bitte. Wie . . . . muß ich warten?

FRÄULEIN Fünf . . . . oder so. Der . . . . bei dem Fenster ist frei.

[*Zehn Minuten später*]

FRÄULEIN Wie . . . . ?

MARTIN Wunderbar! Ich möchte einen . . . . , bitte.

FRÄULEIN Wir haben . . . . , Apfelstrudel und . . . .

MARTIN Ich esse . . . . , bitte.

FRÄULEIN Bitte schön.

Speisekarte	eine Cola	Platz	Honigkuchen
Preisliste	ein Orangensaft	Tisch	möchte
Ketchup	ein Bier	Nachtisch	esse
Mayonnaise	Minuten	Eis	lange
Senf	Sekunden	Obstsalat	schmeckt's
eine Limo			

6 *Below are assorted snatches of conversation which might be heard in a café or restaurant. Work them into a playlet of your own design.*

Phrases the customer might use:
Haben Sie . . . ? / Es schmeckt . . . / für mich /
/ die Speisekarte / Das Essen ist . . . / Herr Ober! / Zahlen /
/ Wie lange muß ich warten? / Ich möchte . . . / Was empfehlen Sie? /
/ Ich esse . . . / Ich bin . . . / Ich habe . . . / Fräulein /
/ Ich trinke . . .

Phrases the person serving might use:
Wie schmeckt's? / Möchten Sie . . . ? / Guten Appetit. /
/ Hier ist . . . / Ich komme. / Ja, das haben wir. /
/ Und zu trinken? / für Sie / Wir haben . . . / . . . Minuten. /
/ die Rechnung / Ich bringe . . . / die Preisliste

6 Keine Einzelzimmer

A situational playlet based in a hotel

Ein kleines Hotel. Der alte Hund schläft vor dem Feuer. Der Kuckuck schläft in der Kuckucksuhr. Der Hotelbesitzer trinkt eine Tasse Kakao. Er hört ein Auto. Ein Ehepaar kommt in das Hotel herein. Sie streiten.

FRAU	Du bist ein Clown!
MANN	Und du bist ein Esel!
HOTELBESITZER	Guten Tag. Haben Sie Zimmer reserviert?
FRAU	Nein. Haben Sie zwei Einzelzimmer für eine Nacht?
HOTELBESITZER	Wir haben nur Doppelzimmer.
MANN	Schade. Was kostet ein Doppelzimmer?
HOTELBESITZER	40 Mark pro Nacht, mit Frühstück und Mehrwertsteuer.
FRAU	Ich möchte ein Zimmer mit Bad, bitte.
MANN	Nein. Für mich eine Dusche, bitte.
FRAU	Ich möchte ein Zimmer mit Aussicht.
MANN	Was? Auf die Wurstfabrik?
FRAU	Ich interessiere mich sehr für industrielle Architektur.
MANN	Also gut. [*Zum Hotelbesitzer*] Hat das Doppelzimmer einen Fernseher? Ich möchte das Fußballspiel heute abend sehen.
FRAU	Ich schmeiße den Fernseher zum Fenster hinaus.
HOTELBESITZER	Sie bekommen ein Zimmer ohne Fernseher: Zimmer 9. Hier ist Ihr Schlüssel. Bitte schön.
	Der Hotelbesitzer geht nach oben.
FRAU	Wo gehen Sie hin?
HOTELBESITZER	Ich evakuiere die Gäste aus Zimmer 8 und Zimmer 10.

1 *The table below shows you how to ask for the room or rooms you want.*

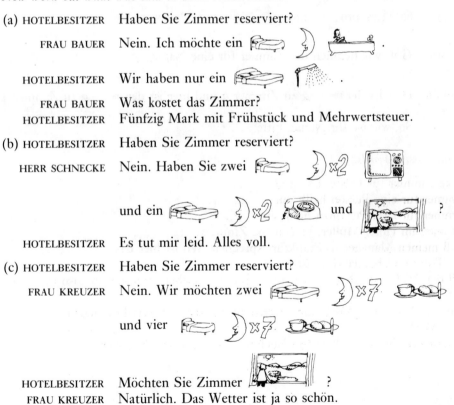

| Ich möchte | ein
zwei
drei
vier | Einzelzimmer

Doppelzimmer | für eine Nacht

für zwei Nächte

für eine Woche | mit Bad
mit Dusche
mit Balkon
mit Aussicht
mit Frühstück
mit Telefon
mit Fernseher |

Now work out what was said in these conversations:

(a) HOTELBESITZER Haben Sie Zimmer reserviert?

FRAU BAUER Nein. Ich möchte ein [Einzelbett] [Mond] [Bad] .

HOTELBESITZER Wir haben nur ein [Doppelbett] [Dusche] .

FRAU BAUER Was kostet das Zimmer?
HOTELBESITZER Fünfzig Mark mit Frühstück und Mehrwertsteuer.

(b) HOTELBESITZER Haben Sie Zimmer reserviert?

HERR SCHNECKE Nein. Haben Sie zwei [Einzelbett] [Mond x2] [Fernseher]

und ein [Doppelbett] [Mond x2] [Telefon] und [Aussicht] ?

HOTELBESITZER Es tut mir leid. Alles voll.

(c) HOTELBESITZER Haben Sie Zimmer reserviert?

FRAU KREUZER Nein. Wir möchten zwei [Doppelbett] [Mond x7] [Frühstück]

und vier [Einzelbett] [Mond x7] [Frühstück]

HOTELBESITZER Möchten Sie Zimmer [Aussicht] ?
FRAU KREUZER Natürlich. Das Wetter ist ja so schön.

2 *Find words to replace the pictures in this dialogue.*

FRAU STAHL Guten Tag. Wir möchten bitte ein mit .

EMPFANGSDAME (*receptionist*) Wir haben keine ,nur zwei mit .

FRAU STAHL Und mit ?

EMPFANGSDAME Ja, mit und mit .

FRAU STAHL Hat das Hotel einen ?

EMPFANGSDAME Alle Zimmer hier haben und .

FRAU STAHL Und was kosten die Zimmer?

EMPFANGSDAME 60 Mark pro mit und Mehrwertsteuer.

FRAU STAHL Gut, wir nehmen die Zimmer für eine Nacht.

EMPFANGSDAME Hier ist der zu Zimmer 3 und hier ist der zu Zimmer 4.

So, wie ist Ihr Name, bitte . . . ?

3 *Put in the missing words.*

a) Es hat 50 Zimmer für Gäste. Es ist ein . . . .

b) Ein Zimmer für eine Person heißt ein . . . . ·

c) Ein Zimmer für zwei Personen heißt ein . . . .

d) Willkommen im Hotel Müller. Haben Sie Zimmer . . . . ?

e) Ich muß meinen Manager in Frankfurt sprechen. Wo ist hier das . . . . ?

f) Muesli, Toast und Kaffee. Das ist mein . . . .

g) Ich will den Wald und den Schnee auf den Bergen sehen. Ich möchte also ein Zimmer mit . . . .

h) Das Zimmer kostet 100 Mark mit 10 Prozent Mehrwertsteuer. Das macht . . . . Mark.

i) Sie bekommen Zimmer 2, Fräulein Büchner. Die Tür ist offen aber hier ist der . . . .

4 *Below left are some things a guest might say to a hotel receptionist. Which response (a, b, c or d) is the receptionist most likely to make?*

1   Ich habe ein Einzelzimmer reserviert.

a) Schade. Wir haben keine Doppelzimmer.
b) Nein, danke.
c) Wie ist Ihr Name, bitte?
d) Ich bin hier mit meiner Frau.

2   Haben Sie ein Doppelzimmer für drei Nächte?

a) Für wie lange?
b) Dies ist ein Hotel.
c) Wir haben nur zwei Einzelzimmer.
d) Möchten Sie ein Einzelzimmer oder ein Doppelzimmer?

3   Wir haben elf Zimmer reserviert.

a) Zimmer 11? Hier ist der Schlüssel.
b) Wir haben keine Zimmer frei. Haben Sie Schlafsäcke?
c) Was kostet das?
d) Ach ja, das Fußballteam aus Bremen.

4   Hat das Hotel eine Diskothek?

a) Ich tanze gern.
b) Nein, Sie haben ein Einzelzimmer.
c) Das Hotel hat alles!
d) Haben Sie eine Diskothek reserviert?

5   40 Mark? Ist das mit Frühstück?

a) Nein, danke. Ich bin nicht hungrig.
b) Mit Frühstück und mit Mehrwertsteuer.
c) Brötchen, gekochte Eier, Toast, Kaffee . . .
d) Nein, das Frühstück ist um 20 Uhr.

6   Haben Sie ein Zimmer mit Telefon?

a) Ja, ein Einzelzimmer oder ein Doppelzimmer?
b) Es ist auf dem Balkon.
c) Hotel Grünewald am Apparat.
d) Ich evakuiere die Gäste.

7   Feuer! Es brennt im zweiten Stock!

a) Ich bin Nichtraucher.
b) Ich evakuiere die Gäste.
c) Ihr Zimmer ist im vierten Stock.
d) Die Heizung ist sehr gut, nicht wahr?

5 *Here is a conversation which took place at the beginning of a guest's stay:*

GAST   Was kosten die Zimmer, bitte?

HOTELIER   Ein Einzelzimmer kostet 50 Mark pro Nacht und ein Doppelzimmer kostet 80 Mark pro Nacht.

GAST   Ist das mit Frühstück?

HOTELIER   Ja, das ist mit Frühstück und Mehrwertsteuer.

GAST   Und mit Bad?

HOTELIER   Mit Bad kostet es zusätzlich 10 Mark pro Zimmer pro Nacht.

GAST   Wir nehmen bitte ein Doppelzimmer mit Bad für fünf Nächte und ein Einzelzimmer ohne Bad für fünf Nächte.

HOTELIER   Ihr Name, bitte . . .

Imagine now that it is the guest's last day and that you are the hotelier. The guest has ordered no extra services during his stay. Write out the bill and tot up the total.

6 *Make up conversations in which the following people book rooms to suit their needs. There are phrases and vocabulary to help you.*

a) A reporter in town to cover a three day conference, phoning a story to his/her newspaper each evening.

Ich bin Reporter	I'm a reporter
eine Konferenz	a conference
drei Tage	three days
drei/vier Nächte	three/four nights
eine Story	a story
jeden Abend	each evening
ein Zimmer mit Telefon	a room with a telephone

b) A famous television personality wanting to lose all contact with the world of work for a week, to lose a little weight and to enjoy nature.

eine Persönlichkeit	a personality
im Fernsehen	on the television
auf Urlaub	on holiday
Ich will allein sein	I want to be alone
kein Kontakt zu meiner Arbeit	no contact with my work
ohne Frühstück	without breakfast
abnehmen	to lose weight

c) The manager of a very hard up theatre group whose coach has broken down and who need accommodation for one night.

der Leiter	manager
eine Theatergruppe	a theatre group
Wir sind auf Tournee	We are on tour
Unser Bus hat eine Panne	Our coach has broken down
Übernachtung	accommodation
etwas Billigeres	something cheaper

7 *Make up conversations between the manager of a hotel or a guesthouse* (eine Pension) *and one of the following:*

a) An inspector of hotels and guesthouses, pretending to be a possible guest.
b) Someone openly gathering information for a guidebook on hotels and guesthouses in Germany.
c) A police officer wanting a room with a view of the Dresdener Bank, opposite.

7 Wer ist denn das?

A situational playlet practising how to change money.

In einer Bank in Hildesheim. Herein kommt ein komischer Mensch: silberne Mitra, goldene Robe, Sonnenbrille auf der Nase, Spazierstock in der Hand. „Wer ist denn das?" denkt Frau Stempel. Sie steht hinter dem Geldwechselschalter.

KOMISCHER MENSCH	Ich bin der Erzbischof von Canterbury. [*Er spricht sehr gutes Deutsch*]
FRAU STEMPEL	Wirklich?
KOMISCHER MENSCH	Ich möchte hundert Englische Pfund in D-Mark wechseln.
FRAU STEMPEL	Banknoten oder Reiseschecks?
KOMISCHER MENSCH	Reiseschecks, mein Kind.
FRAU STEMPEL	. . . Danke. Unterschreiben Sie bitte hier und hier.
KOMISCHER MENSCH	Wie ist der Kurs heute?
FRAU STEMPEL	Vier Mark zehn, Herr Erzbischof. Ihr Paß bitte . . . Danke. Was machen Sie hier in Hildesheim?
KOMISCHER MENSCH	Ich bin auf Urlaub hier. Ich habe einen Wohnwagen auf dem Campingplatz.
FRAU STEMPEL	Das ist aber sehr schön. Zur Kasse, bitte. [*Er geht direkt zur Kasse. Sie telefoniert mit jemandem und geht dann zur Kasse*]
KOMISCHER MENSCH	Keine großen Scheine, bitte.
FRAU STEMPEL	Mein lieber Herr Erzbischof, die vierhundertzehn Mark bekommen sie nicht. Ich höre die Polizei kommen.
KOMISCHER MENSCH	O.K. Ich habe den Paß und die Reiseschecks von dem Erzbischof gestohlen. Woher wissen Sie das?
FRAU STEMPEL	Ein englischer Bischof mit 'Heini liebt Lotti' auf der Hand tätowiert? So dumm bin ich nicht.

1 *Which of the following statements about what happened in the sketch are true, and which are false?*

a) Die Bank ist in Hildesheim.
b) Der Mann findet Frau Stempel hinter dem Geldwechselschalter.
c) Der Mann hat hundert Pfund in Banknoten.
d) Der Mann möchte das englische Geld in D–Mark wechseln.
e) Frau Stempel unterschreibt die Reiseschecks.
f) Der Geldwechsel kostet DM 4.10.
g) Der Mann geht vom Geldwechselschalter zur Kasse.
h) Frau Stempel gibt dem Mann das Geld.
i) Die Polizei ist auf Urlaub.
j) Der Mann hat den Paß von Frau Stempel gestohlen.
k) Der Mann hat die Reiseschecks vom Erzbischof von Canterbury gestohlen.

2 *Where you see a gap, there is a figure missing; work out what it should be.*

(a) JULIA Ich möchte zehn englische Pfund in D–Mark wechseln. Wie ist der Kurs heute?

DAME AM SCHALTER Ein Pfund kauft vier D–Mark heute. Sie bekommen . . . D–Mark.

(b) THOMAS Ich möchte hundert englische Pfund in D–Mark wechseln. Wie ist der Kurs heute?

DAME AM SCHALTER Ein Pfund kauft . . . D–Mark heute. Sie bekommen dreihundert D–Mark.

(c) HEINRICH Ich möchte . . . D–Mark in englische Pfund wechseln. Wie ist der Kurs heute?

DAME AM SCHALTER Fünf D–Mark kaufen ein Pfund heute. Sie bekommen zwanzig Pfund.

(d) INGE Ich möchte zweihundert D–Mark in englische Pfund wechseln. Wie ist der Kurs heute?

DAME AM SCHALTER Vier D–Mark kaufen ein Pfund heute. Sie bekommen . . . Pfund.

3 *You are at the* Geldwechsel *and want to change money. What would you say?*

MANN AM SCHALTER Guten Tag. Sie wünschen?

SIE (you) [*Say you would like to change fifty English pounds into deutschmarks*]

MANN AM SCHALTER Haben Sie Banknoten oder Reiseschecks?

SIE [*Say you have traveller's cheques*]

MANN AM SCHALTER Danke. Unterschreiben Sie bitte hier.

SIE [*Ask what the rate is today*]

MANN AM SCHALTER Ein Pfund kauft drei Mark fünfzig.

SIE [*Say you do not want any high value notes*]

MANN AM SCHALTER Sie bekommen hundertfünfundsiebzig Mark.

SIE [*Say thank you and goodbye*]

4

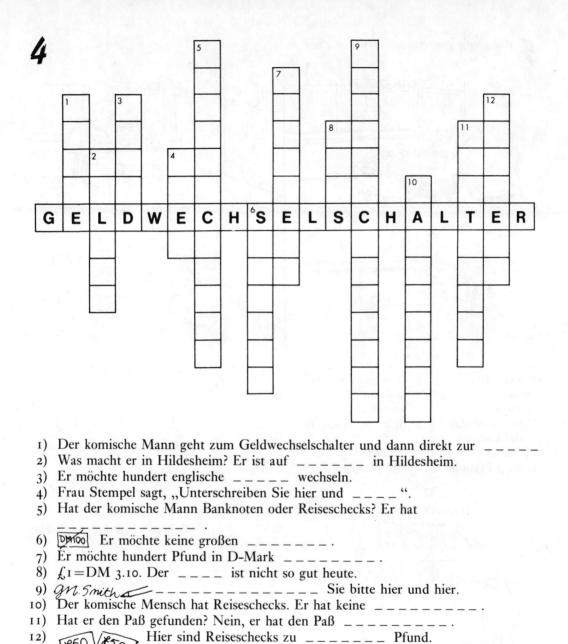

G E L D W E C H S E L S C H A L T E R

1) Der komische Mann geht zum Geldwechselschalter und dann direkt zur _ _ _ _ _
2) Was macht er in Hildesheim? Er ist auf _ _ _ _ _ _ in Hildesheim.
3) Er möchte hundert englische _ _ _ _ _ wechseln.
4) Frau Stempel sagt, „Unterschreiben Sie hier und _ _ _ _ ".
5) Hat der komische Mann Banknoten oder Reiseschecks? Er hat
   _ _ _ _ _ _ _ _ _ _ _ _ .
6) DM 100   Er möchte keine großen _ _ _ _ _ _ _ .
7) Er möchte hundert Pfund in D-Mark _ _ _ _ _ _ _ _ .
8) £1 = DM 3.10. Der _ _ _ _ ist nicht so gut heute.
9) *GM. Smith* _ _ _ _ _ _ _ _ _ _ _ _ _ _ _ Sie bitte hier und hier.
10) Der komische Mensch hat Reiseschecks. Er hat keine _ _ _ _ _ _ _ _ .
11) Hat er den Paß gefunden? Nein, er hat den Paß _ _ _ _ _ _ _ _ _ .
12) £50 £50   Hier sind Reiseschecks zu _ _ _ _ _ _ _ Pfund.

5 *Make up a conversation based on these pictures:*

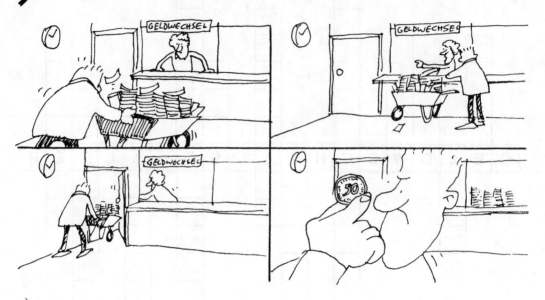

a)

Wieviel Geld?	How much money?
zählen	to count
wertlos	worthless
Bringen sie das Geld herein	Bring the money in
zu wenig	too little
fünfzig Pfennig	fifty pfennig

b)

ERSTER WANDERER He! Möchten Sie D-
Mark gegen Franken wechseln?

ZWEITER WANDERER . . . .

8 Das verlorene Paradies

A situational playlet based in a tourist information office

Blockheim ist eine Industriestadt und ist nicht besonders schön. Seit zwei Wochen ist niemand ins Verkehrsamt gekommen. Aber heute kommt eine Touristin herein. Der Mann am Schalter ist erstaunt.

MANN	Willkommen in Blockheim, Sonnenstadt an der Ruhr.
DAME	Danke. Was gibt es in Blockheim zu sehen?
MANN	Sehr wenig. Aber Sie können einen Ausflug machen – in die nächste Stadt.
DAME	Nein danke. Wie komme ich am besten zur Altstadt, bitte?
MANN	Die Altstadt ist . . . weg. Auf dem Platz steht jetzt ein Einkaufszentrum mit Parkhaus.
DAME	Mm. Was kann man bei schlechtem Wetter machen?
MANN	Sie können ins Kino gehen.
DAME	Was läuft?
MANN	Ich schaue ins Programm . . . Schneewittchen und die sieben Zwerge.
DAME	Ein uralter Film. Noch eine Frage – wo kann ich ein Fahrrad mieten?
MANN	Nirgends. Ein Fahrradgeschäft gibt es nur in der nächsten Stadt.
DAME	Das reicht! Blockheim ist ein Kaff.
MANN	Das stimmt. Ich habe diesen Job satt.
DAME	Sie sind viel zu gut für diese Arbeit.
MANN	Kommen Sie mit mir. Ich habe zwei Fahrräder zu Hause.
DAME	Toll! Wir machen eine Radtour!
	Schulter an Schulter verlassen sie das Verkehrsamt.

1 *Look again at the sketch and pick out what you would say in German for:*

a) What is there to see in Blockheim?
b) You can make an excursion.
c) Can you tell me the way to the old town, please?
d) What can you do in bad weather?
e) You can go to the cinema.
f) What's on?
g) Where can I hire a bike?
h) We're off on a bike tour.

2 *Match up the following questions and answers.*

Here are the questions:

a) Was gibt es in Grünfeld zu sehen?
b) Wie komme ich am besten zum Marktplatz?
c) Was kann man bei schlechtem Wetter machen?
d) Was läuft im Kino?
e) Wo kann ich ein Zimmer finden?

And here are the answers:

1 Sie können einen Regenschirm im Einkaufszentrum kaufen.
2 Sie fahren am besten mit der Straßenbahn, Linie 9.
3 Gasthaus Eichner ist nicht zu teuer.
4 Das Rathaus, das Museum, die Universität.
5 Es tut mir leid. Ich habe kein Programm.

3 *Here is another conversation in a tourist information office. From each box chose the word or phrase which makes best sense.*

TOURIST   Was gibt es in Adelberg zu [stehlen/schlagen/sehen]?
FRÄULEIN   Es gibt die Burg, die Martinskirche und das alte [Fahrrad/Rathaus/Doppelbett].
TOURIST   Wie [komme/fliege/schwimme] ich am besten zur Kirche?
FRÄULEIN   Die Martinskirche ist hier in der [Jugendherberge/Hauptstraße/nächsten Stadt].
TOURIST   Noch eine Frage – wo kann ich ein Fahrrad [essen/sehen/mieten]?
FRÄULEIN   Auch in der Hauptstraße. Das Fahrradgeschäft heißt Schneider.

4 *Fill in the gaps using the words below.*

MANN AM SCHALTER   . . . . in Fiesbach.
PETER   Danke. Aber das Wetter hier ist furchtbar.
MANN AM SCHALTER   Es regnet seit zwei Wochen.
PETER   Was kann man bei schlechtem . . . . machen?
MANN AM SCHALTER   Wir haben ein Museum in Fiesbach, und ein Kino.
PETER   Ist das Museum . . . . ?
MANN AM SCHALTER   Nein, das Museum ist heute geschlossen.
PETER   Gibt es ein . . . . in Fiesbach?
MANN AM SCHALTER   Ja, das Orion in der Marktstraße.
PETER   Wie komme ich . . . . zum Orion?
MANN AM SCHALTER   Mit dem . . . . , Linie 7. Sie haben doch Zeit; das Kinoprogramm . . . . um 6 Uhr.
PETER   Also gut. Ich warte im Café. Was . . . . im Kino?

MANN AM SCHALTER   Der Film heißt ‚Katharina Blum‘.
PETER   . . . . Auf Wiedersehen.

beginnt / offen / läuft / Willkommen / Danke schön / Bus / Kino / Wetter / am besten /

5 *Study the picture and then work out which answers the tourist in the Verkehrsamt is likely to receive.*

1   Ich bin Tourist. Mein Auto ist kaputt. Wo bin ich?

a)   Willkommen in Frankfurt.
b)   Willkommen in Koblenz.
c)   Willkommen in Feinstadt.

2   Was gibt es hier zu sehen?

a)   Eine alte Kirche und eine Burg.
b)   Eine Burg und einen Fernsehturm.
c)   Eine Kirche und einen Flughafen.

3   Wie komme ich am besten zur Kirche, bitte?

a)   Sie fahren am besten mit dem Bus.
b)   Sie fahren am besten mit dem Zug.
c)   Sie gehen am besten zu Fuß.

4   Wo kann ich ein Zimmer finden?

a)   Im Kino.
b)   Im Gasthaus Heu.
c)   An der Post.

5   Gibt es ein Theater in Feinstadt?

a)   Wir haben ein tolles Theater.
b)   Ich habe das Theater satt.
c)   Ein Stück von Brecht.

6   Was läuft im Kino?

a)   Das Kino ist in der Hauptstraße.
b)   Es heißt das ‚Scala‘.
c)   ‚Die Marx Brothers in der Oper‘.

6 *Now make up sketches of your own. Below, to help you, are four common topics of enquiry along with extra vocabulary.*

Accommodation

das Zimmer	room
das Fremdenzimmer	bed and breakfast room
das Gasthaus	(modest) hotel
die Pension	guesthouse
das Hotel	hotel
die Jugendherberge	youth hostel
ausgebucht	fully booked

Directions

geradeaus	straight on
die erste Straße rechts	the first street on the right
die zweite Straße links	the second street on the left
wie weit?	how far?
der Stadtplan	map of the town

Buildings of interest

wie alt . . . ?	how old . . . ?
aus dem achtzehnten Jahrhundert	eighteenth century
sehr schön	very beautiful
historisch	historic
der Turm	tower
der Park	park
die Brücke	bridge
aus Holz	of wood
aus Stein	of stone

Swimming Baths

das Freibad	open air pool
das Hallenbad	indoor pool
die Badehose	swimming trunks
der Badeanzug	swimming costume
schwimmen	to swim
tauchen	to dive
mieten	to hire

9 Ein Paket für die Post

A situational playlet based in a post office

Ein Postamt auf dem Lande. Herr und Frau Zweig, alte Bauern, kommen mit einer großen Tasche herein.

FRAU ZWEIG	Zehn Briefmarken zu einer Mark und eine Geldanweisung zu fünfzig Mark, bitte.
FRÄULEIN AM SCHALTER	Bitte sehr. Sonst noch etwas?
HERR ZWEIG	Ja. Wir wollen ein Telegramm schicken. Unser Sohn Willi in Bottrop hat heute Geburtstag.
FRÄULEIN AM SCHALTER	Füllen Sie bitte dieses Formular aus.
FRAU ZWEIG	Vergiß die Adresse nicht, Hubert.
HERR ZWEIG	. . . Willi Zweig . . . Fabrikstraße 3 . . . 4500 Bottrop. . . . Lieber Willi . . . Geschenk in der Post . . . Viel Glück bei der Gartenschau . . . Grüße und Küsse . . . Vati und Mutti.
FRÄULEIN AM SCHALTER	Danke. Also, 23 Wörter. Das kostet 22 Mark.
FRAU ZWEIG	Und hier ist das Paket für Willi. [*Sie nimmt ein Paket aus der Tasche*] Was kostet das Porto?
FRÄULEIN AM SCHALTER	Du lieber Gott! Was ist denn bloß in dem Paket? Es stinkt ja furchtbar.
HERR ZWEIG	Das ist guter deutscher Mist für Willis Blumenkohl.

37

1 *Find in the sketch the German for the following:*

a) ten one mark stamps.
b) a fifty mark postal order.
c) Anything else?
d) We want to send a telegram.

e) Fill in this form, please.
f) in the post.
g) here's the parcel.
h) What does the postage cost?

2 *Which of these statements about the sketch are true, and which are false?*

a) Herr und Frau Zweig sind im Postamt.
b) Die zehn Briefmarken kosten fünfzig Mark.
c) Die Geldanweisung kostet zehn Mark.
d) Herr und Frau Zweig wollen ein Telegramm schicken.
e) Bottrop hat heute Geburtstag.

f) Herr und Frau Zweig füllen ein Formular aus.
g) Hubert Zweig vergißt die Adresse.
h) Das Telegramm kostet dreiundzwanzig Mark.
i) Das Paket ist für Willi.
j) Der Mist stinkt furchtbar.

3 *From each bracket choose the word or phrase which makes most sense.*

FRAU BRAUN	Ich möchte [eine Geldanweisung/eine Briefmarke/ein Telegramm] zu zweihundert Mark, bitte.
MANN AM SCHALTER	Das kostet zweihundertzehn Mark . . . Bitte schön. Sonst noch etwas?
FRAU BRAUN	Ja, ich möchte [ein Formular/eine Briefmarke/ein Telegramm] schicken.
MANN AM SCHALTER	Füllen Sie bitte [dieses Paket/dieses Formular/diese Adresse] aus. Es kostet eine Mark fünfzig pro Wort.
FRAU BRAUN	Das ist zu teuer. Ich schicke einen Brief. Was kostet [eine Tasche/das Papier/das Porto] für Postkarten nach Österreich?
MANN AM SCHALTER	Für eine Postkarte nach Österreich? Eine Mark.
FRAU BRAUN	Also gut. Ich nehme eine Briefmarke. Was macht das zusammen?
MANN AM SCHALTER	Das macht zusammen [zweihundert/zweihundertzehn/zweihundertelf] Mark, bitte.

4 *By solving each clue down, discover the mystery word across in the crossword opposite.*

1 Luftpostpapier kostet vier Mark. Eine Briefmarke kostet drei Mark. Das macht zusammen _ _ _ _ _ _ Mark.
2 Ich schicke dieses Paket nach Amerika. Was kostet das _ _ _ _ _ ?
3 Fräulein, ich möchte diese Postkarte nach England _ _ _ _ _ _ _ _ .
4 Das _ _ _ _ _ _ _ _ _ von Herrn und Frau Zweig hat 22 Wörter.
5 _ _ _ _ _ _ Sie bitte dieses Formular aus.
6 Ich möchte fünf Briefmarken zu einer _ _ _ _ .
7 Im Sketch sind Herr und Frau Zweig in dem _ _ _ _ _ _ _ .
8 Willis _ _ _ _ _ _ _ ist Fabrikstraße 3.
9 Was _ _ _ _ _ _ das Porto für dieses Paket?
10 Das Fräulein im Sketch fragt „Was ist denn bloß in dem _ _ _ _ _ ?"

5 *Make sure you know how to ask for things in a post office.*

a) Ask for two one mark stamps:

Zwei _ , bitte.

b) Ask for five two mark stamps:

Fünf _ _ _ _ _ _ _ _ _ _ _ _ _ _ _ _ _ _ , bitte.

c) Ask for ten two mark stamps:

Zehn _ _ _ _ _ _ _ _ _ _ _ _ _ _ _ _ _ _ , bitte.

d) Ask for a fifty mark postal order:

Eine _ , bitte.

e) Ask for a hundred mark postal order:

Eine _ , bitte.

f) Say you would like to send a telegram:

Ich möchte _ _ _ _ _ _ _ _ _ _ _ _ _ _ _ _ _ _ _ .

g) Say it has twenty words:

Es hat _ _ _ _ _ _ _ _ _ _ _ _ _ .

h) Say you are sending a parcel to England:

Ich schicke _ _ _ _ _ _ _ _ nach _ _ _ _ _ _ _ .

i) Ask what the postage costs:

Was _ _ _ _ _ _ _ _ _ _ _ _ _ _ ?

6 *Frau Meinert, who is organising an international conference, is in her local post office. She needs to send letters to various people abroad, a parcel of brochures to Heidelberg and a telegram to a Mr. Jones in England, saying that his invitation is in the post. Invent a conversation between Frau Meinert and the post office clerk. Here are some words and phrases to add to those you know already.*

eine internationale Konferenz	an international conference
ein Inlandsbrief	an inland letter
ein Auslandsbrief	a letter for abroad
ein Brief	a letter
nach Italien	to Italy
nach Frankreich	to France
nach Zimbabwe	to Zimbabwe
nach Australien	to Australia
Prospekte	brochures
die Einladung	invitation
per Luftpost	by airmail

7 *Uwe's mother has given him a list of things to ask for at the post office. On arriving at the post office, Uwe finds that he has lost the list and has trouble remembering what was on it. The post office clerk tries to help Uwe remember by suggesting things which might jog his memory. Some early lines from the conversation are given: invent the rest.*

POSTBEAMTE   So, Uwe, was war denn auf der Liste? Eine Geldanweisung?

UWE   Nein, das war nicht auf der Liste.

POSTBEAMTE   Briefmarken?

UWE   Ja, Briefmarken!

POSTBEAMTE   Was für Briefmarken?

UWE   . . . .

POSTBEAMTE   . . . .

10 Eine Fahrkarte – aber wohin?

A situational playlet set at a railway station

PROFESSOR PFLAUME	Einmal Frankfurt, bitte. Hin und zurück, zweiter Klasse.
MANN AM SCHALTER	Der Zug fährt um 13.20 ab. Sie müssen fünfzig Minuten warten. Fahren Sie lieber nach Spatzdorf!
ANSAGERIN	Der Personenzug nach Spatzdorf steht auf Gleis zwei. Abfahrt des Zuges um 12.32.
PROFESSOR PFLAUME	Spatzdorf? Ich habe eine Konferenz in Frankfurt. Von welchem Gleis fährt der Zug nach Frankfurt?
MANN AM SCHALTER	Von Gleis drei. – Aber meine Großmutter hat ein schönes Hotel in Spatzdorf. Zimmer mit Bad und Balkon nur achtzig Mark pro Woche.
ANSAGERIN	Achtung auf Gleis zwei. Der Personenzug nach Spatzdorf fährt gleich ab.
PROFESSOR PFLAUME	Spatzdorf interessiert mich nicht. Wann kommt der Zug in Frankfurt an?
MANN AM SCHALTER	Er kommt um 15.10 an.
PROFESSOR PFLAUME	Muß ich umsteigen?

41

MANN AM SCHALTER	Ja. Sie steigen in Hannover um.
ANSAGERIN	Achtung auf Gleis zwei. Der Personenzug nach Spatzdorf fährt gleich ab. Bitte Türen schließen.
PROFESSOR PFLAUME	Muß ich Zuschlag zahlen?
MANN AM SCHALTER	Ja. Der Inter-City Superluxuszug ist nur für die feinsten Leute: Industriekapitäne, Politiker, Filmstars. Und was sind Sie von Beruf?
PROFESSOR PFLAUME	Ich bin Professor.
MANN AM SCHALTER	Ist in Ordnung. Zehn Mark, bitte.
ANSAGERIN	Der Inter-City Superluxuszug nach Frankfurt hat eine Stunde Verspätung. Die Deutsche Bundesbahn bittet um Entschuldigung.
PROFESSOR PFLAUME	Donnerwetter! Dann komme ich zu spät. Sagen Sie mal, wie heißt das Hotel in Spatzdorf?

1 *This chart shows you how to ask for a train ticket:*

Einmal
Zweimal
Dreimal
Ein Erwachsener
  und ein Kind
Zwei Erwachsene
  und zwei Kinder
	erster Klasse
	zweiter Klasse
		nach Berlin
		nach Dortmund
		nach Salzburg
		nach Basel
			einfach
			hin und zurück

Now ask for tickets based on the following diagrams:

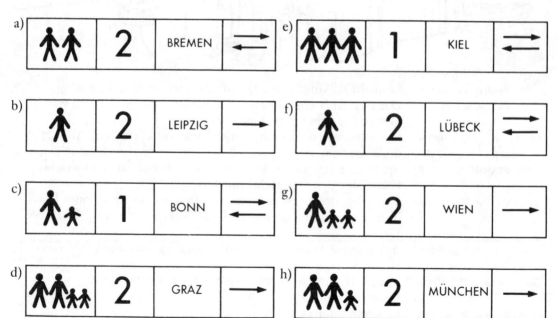

2 *Frau Dietrich needs to go to Koblenz. Below are the questions she asks at the railway station in the order she asks them. The ticket clerk's answers to her questions are not in the correct order. Match answers to questions in order to recreate the original conversation.*

Frau Dietrich's questions:
a) Einmal Koblenz, einfach. Was kostet das, bitte?
b) Muß ich Zuschlag zahlen?
c) Wann fährt der Zug nach Koblenz ab?
d) Wann kommt der Zug in Koblenz an?
e) Muß ich umsteigen?
f) Von welchem Gleis fährt der Zug?
g) Ist das der Zug nach Koblenz?

The ticket clerk's answers:
1 Sie steigen in Trier um.
2 Nein, das ist der Zug nach Bonn.
3 Um 15.20 – zwei Stunden später.
4 Von Gleis sieben.
5 Fünfzig Mark.
6 Um 13.20 – in fünf Minuten.
7 Ja, Sie fahren mit dem Inter-City. Das macht zusammen sechsundfünfzig Mark.

3 *Use the details in the picture to complete the dialogue below:*

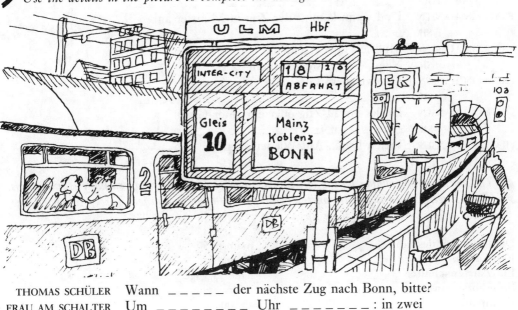

THOMAS SCHÜLER	Wann _ _ _ _ _ der nächste Zug nach Bonn, bitte?
FRAU AM SCHALTER	Um _ _ _ _ _ _ _ _ Uhr _ _ _ _ _ _ _ : in zwei _ _ _ _ _ _ _ .
THOMAS SCHÜLER	Muß ich _ _ _ _ _ _ _ _ _ ?
FRAU AM SCHALTER	Nein, der Zug fährt direkt.
THOMAS SCHÜLER	Von _ _ _ _ _ _ _ _ _ _ _ _ fährt der Zug?
FRAU AM SCHALTER	_ _ _ Gleis _ _ _ _ .
THOMAS SCHÜLER	Ist das ein Schnellzug?
FRAU AM SCHALTER	Nein das ist ein _ _ _ _ _ - _ _ _ _ .
THOMAS SCHÜLER	Also gut. Einmal Bonn, bitte, _ _ _ und _ _ _ _ _ _ . Muß ich Zuschlag _ _ _ _ _ _ ?
FRAU AM SCHALTER	Ja, der _ _ _ _ _ _ _ _ kostet sechs Mark. Das macht zusammen hundertsechsundachtzig Mark, bitte.

43

4 *Imagine that you work at the information desk in a station. Using the details in the timetable below, decide on your answers to these questions from Fräulein Hansen.*

FAHRPLAN

Abfahrt

Gleis	Zeit	Zug Nr	in Richtung	Gleis	Zeit
5	8¹⁰	D 982	Duisburg 8.41 Essen 9.15	9	12

Münster 10.15

FRÄULEIN HANSEN	Wann fährt der Zug nach Münster ab?
SIE (YOU)	_ .
FRÄULEIN HANSEN	Und wann kommt der Zug in Münster an?
SIE	_ .
FRÄULEIN HANSEN	Muß ich umsteigen?
SIE	Nein, _ _ _ steigen nicht _ _ .
FRÄULEIN HANSEN	Von welchem Gleis fährt der Zug?
SIE	_ .
FRÄULEIN HANSEN	Ist das ein D-Zug oder ein Inter-City?
SIE	_ .
FRÄULEIN HANSEN	Vielen Dank. Auf Wiedersehen.

5 *The words in the column on the left are commonly seen in German railway station signs. Their English equivalents are on the right, but in a jumbled order. Test your knowledge or guesswork by matching them up.*

Deutsche Bundesbahn	motorrail
Fahrkarten	timetable
Platzkartenschalter	hand luggage
Bahnhofsrestaurant	information
Bahnpolizei	arrivals
Geldwechsel	departures
Fahrplan	porter
Ankunft	tickets
Abfahrt	to the platforms
Handgepäck	left luggage lockers
Gepäckträger	money changing counter
Gepäckaufbewahrung	German Federal Railways
Schließfächer	reservations counter
Auskunft	the Underground
Autoreisezug	left luggage counter
U-Bahn	railway police
zu den Gleisen	station restaurant

6 *Using the information below, make up sketches in which customers buy tickets at the railway station and enquire about their trains. Extra phrases and vocabulary are provided.*

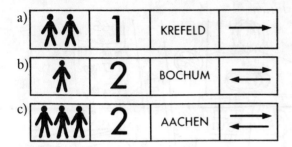

a)

Zeit	Zug Nr	in Richtung	Gleis
12^{20}	**IC**	Krefeld 13^{10}	4

b)

Zeit	Zug Nr	in Richtung	Gleis
8^{40}	E 533	Bochum 10^{50}	2

c)

Zeit	Zug Nr	in Richtung	Gleis
14^{15}	D 770	Aachen 16^{10}	10

Personenzug	slow train
Eilzug	fairly fast train which stops frequently
D-Zug	express, stopping at main stations only
Inter-City	high speed intercity train
TEE	Trans-Europ-Express: first class only, very fast
der nächste Zug	the next train
der letzte Zug	the last train
der schnellste Zug	the fastest train
Wo ist der Fahrplan, bitte?	Where is the timetable, please?
Hat der Zug einen Speisewagen?	Is there a restaurant car on the train?

11 An der Tankstelle

A situational playlet set at a petrol station

*Ein Raumschiff fliegt über die Erde. Es ist normalerweise mit Sonnenenergie angetrieben –
aber das Wetter ist wolkig. Deshalb muß es landen. Es landet an einer Tankstelle auf der
Autobahn bei Dortmund. Kapitän Esther Sonnenblume und Specktra, ein Roboter, steigen
aus. Der Tankwart kommt heraus.*

TANKWART	Normal oder Super?
SONNENBLUME	Was verkaufen Sie hier?
TANKWART	Meistens Benzin, aber auch Motoröl, Reifen, Ersatzteile, Landkarten, Kaugummi und Fruchtbonbons.
SPECKTRA	[*zu einer Zapfsäule*] Du bist eine schöne Maschine. Ich liebe dich.
SONNENBLUME	Specktra, was ist Benzin?
SPECKTRA	Es stinkt und verpestet die Luft. Es ist aber besser als gar nichts.
SONNENBLUME	Gut. Wir haben einen Reservetank. Volltanken bitte!
TANKWART	Gern. Ist der Tank vorne oder hinten?
SONNENBLUME	Er ist oben.
TANKWART	Normal oder Super?
SONNENBLUME	Super natürlich. Würden Sie bitte den Ölstand prüfen? Der Motor ist unten.
TANKWART	[*guckt unten*] Sie haben fast kein Öl mehr.
SONNENBLUME	Also, würden Sie bitte das Öl wechseln?
SPECKTRA	[*zu der Zapfsäule*] Wie heißt du? – Ach, du heißt Esso! Das ist ein schöner Name.
TANKWART	So. Ein Ölwechsel und tausend Liter Super. Das macht fünftausend Mark bitte.
SONNENBLUME	Hier ist ein Reisescheck von der Milchstraßenbank. Auf Wiedersehen.
SPECKTRA	Tschüs, Esso! Tschüs, mein Liebling!

1 *Look again at the introductory lines and the sketch. Pick out the German for the following:*

a) at a petrol station
b) on the motorway
c) The petrol pump attendant comes out
d) Two star or four star?
e) a beautiful machine
f) Fill the tank, please
g) Would you check the oil, please?
h) Would you change the oil, please?
i) a thousand litres of four star

2 *Fill in the gaps using items of vocabulary from the introductory lines and the sketch.*

a) Ein Tankwart arbeitet an einer T _ _ _ _ _ _ _ _ .
b) Autos fahren schnell auf der A _ _ _ _ _ _ _ .
c) B _ _ _ _ _ kommt aus einer Zapfsäule.
d) Das übliche Öl für Autos ist M _ _ _ _ _ _ .
e) An den vier Rädern von einem Auto sind schwarze R _ _ _ _ _.
f) Der Tourist kauft L _ _ _ _ _ _ _ _ _ von München und von Bayern.
g) Das Benzin geht in den T _ _ _ hinein.
h) Der M _ _ _ _ ist zu warm? Prüfen Sie das Temperatur und den Wasserstand!
i) Der Fahrer fährt in die Tankstelle und stoppt bei einer Z _ _ _ _ _ _ _ _ .
j) Altes Öl heraus; neues Öl hinein: das ist ein Ö _ _ _ _ _ _ _ _ .
k) Ich habe kein deutsches Geld bei mir. Ist ein R _ _ _ _ _ _ _ _ _ _ in Ordnung?

3 *Which of the following statements about the sketch are true, and which are false?*

a) Die Tankstelle ist auf einer Autobahn.
b) Kapitän Sonnenblume und ein Roboter steigen aus.
c) Der Tankwart verkauft meistens Motoröl.
d) Der Tank ist unten.
e) Der Tankwart tankt das Raumschiff voll.
f) Der Tankwart muß den Ölstand prüfen.
g) Er wechselt das Öl in dem Motor.
h) Er wechselt die Reifen.
i) Er wechselt das Öl in der Zapfsäule.
j) Kapitän Sonnenblume kauft tausend Liter Normal.

4 *From each bracket choose the word which seems to be most likely. Frau Zeiß is at a petrol station.*

FRAU ZEISS Verkaufen Sie [Autobahnen/Zapfsäulen/Landkarten] von Deutschland?
TANKWART Es tut mir leid. Wir verkaufen nur [Benzin/Olivenöl/Raumschiffe] und Motoröl.
FRAU ZEISS Also gut. Ich möchte Benzin. Volltanken, bitte.
TANKWART Normal oder Super?
FRAU ZEISS Für mein Luxus-Auto? [Benzin/Normal/Super] natürlich.
TANKWART Sonst noch etwas?
FRAU ZEISS Ja, würden Sie bitte [mein Auto/das Öl/die Luft] wechseln?
TANKWART Gern. Sonst noch etwas?
FRAU ZEISS Ja, würden Sie bitte die Batterie [prüfen/verkaufen/volltanken] ? Sie funktioniert nicht richtig.
TANKWART Das machen wir. Kommen Sie um zwei Uhr zurück. Ich habe jetzt Mittagspause.

5 *You have driven into a 'Tankstelle'. Can you ask for the services you need?*

[*Ask the attendant to fill the tank*]

TANKWART Normal oder Super?

[*Say you want two star*]

TANKWART So, sonst noch etwas?

[*Ask for the oil to be checked*]

TANKWART Der Ölstand ist in Ordnung.

[*Ask if they sell tyres*]

TANKWART Ja, wir haben Reifen in der Werkstatt nebenan.

[*Ask for your tyres to be checked*]

TANKWART Kein Problem. Alle vier Reifen sind in Ordnung.

[*Ask how much you owe*]

TANKWART Das macht dreiundfünfzig Mark fünfzig, bitte.

6 *Make up a sketch of your own set at a petrol station and/or garage. Here are some phrases and extra vocabulary to help you.*

Mein Auto hat eine Panne	My car has broken down	das Licht/die Lichter	light/lights
Was ist los?	What is wrong?	der Scheinwerfer	headlight
Es klappert	There's a rattle	der Luftdruck	the air pressure
Die Batterie ist leer	The battery is flat	die Windschutzscheibe	windscreen
Es funktioniert nicht	It doesn't work	das Ersatzrad	spare wheel
Ich habe kein Benzin mehr	I've run out of petrol	die Bremse(n)	brake(s)
		die Münztankstelle	coin-operated petrol station
Könnten Sie das reparieren?	Could you repair that?	das Frostschutzmittel	anti-freeze
die Waschstraße	automatic car wash		
die Werkstatt	repair shop		

12 Das ist ein Zirkus

A situational playlet set in a chemist's shop

Eine Apotheke in Falkendorf. Herein kommen Kaspar der traurige Clown und Flottfinger der Jongleur. Kaspar hüpft und Flottfinger jongliert.

FLOTTFINGER	Hallo! Hallo!
APOTHEKER	So, der Zirkus ist in Falkendorf. Kann ich Ihnen helfen?
KASPAR	Ich habe Bauchschmerzen, Halsschmerzen und Zahnschmerzen.
FLOTTFINGER	Vergiß nicht deinen Husten, dein Fieber und deine Migräne.
KASPAR	Das ist nichts Neues. Es ist mein Fuß. Der Fuß tut weh.
APOTHEKER	Lassen Sie mich mal sehen . . . Kommt das vom Training?
FLOTTFINGER	Die Frage ist peinlich für meinen Freund. Der Elefant, wissen Sie . . .
KASPAR	Muß ich zum Arzt?
APOTHEKER	Nein, Sie brauchen nur eine Bandage, und hier sind Vitamintabletten. Die sind rezeptfrei.
KASPAR	Danke. Wie oft soll ich sie einnehmen?
APOTHEKER	Dreimal täglich nach dem Essen.
FLOTTFINGER	[*immer noch jonglierend*] In meiner linken Tasche finden Sie ein Rezept.
APOTHEKER	Ich habe es. Für wen ist das Rezept?
FLOTTFINGER	Für mich. Ich brauche Kopfschmerztabletten. Wenn ich jongliere, fallen mir oft Kegel auf den Kopf.
KASPAR	Und hier ist ein Rezept für unseren Trapezartisten.
FLOTTFINGER	Er hat sich den Arm gebrochen.
APOTHEKER	Arbeitet er ohne Netz?
KASPAR	Nein, er fiel aus dem Bett. Haben Sie etwas gegen Haarausfall?
APOTHEKER	Ja, diese Salbe ist sehr gut.
KASPAR	Gut, ich kaufe eine Tube für Sie!
FLOTTFINGER	Ha! Ha! Ha! Achtung! . . . Die Kegel! . . .

1 *Look through the sketch again and find the German for the following:*

a) Can I help you?
b) I have stomach pains.
c) My foot hurts.
d) Let me see.
e) Do I need to go to the doctor's?
f) You just need a bandage.
g) They are not on prescription.
h) Three times a day after meals
i) Who is the prescription for?
j) I need some tablets for a headache.
k) He has broken his arm.
l) Have you anything for loss of hair?

2 *Choose the reply (a, b or c) which the Apotheker is most likely to give.*

1 Ich habe Zahnschmerzen.

a) Sie brauchen eine Bandage.
b) Dieser Hustensaft ist sehr gut.
c) Sie gehen am besten zum Zahnarzt.

2 Ich habe Fieber.

a) Sie müssen zum Arzt.
b) Wo haben Sie es gebrochen?
c) Sie brauchen diese Salbe.

3 Der Finger tut mir weh.

a) Sie brauchen einen Rollstuhl.
b) Diese Pillen sind gut.
c) Lassen Sie mich mal sehen.

4 Muß ich zum Arzt?

a) Ja, dreimal täglich nach dem Essen.
b) Ja, Sie brauchen ein Rezept.
c) Nein, ich bin Apotheker.

5 Wie oft soll ich die Pillen einnehmen?

a) Zwei Pillen dreimal jährlich.
b) Eine Pille dreimal täglich nach dem Essen.
c) Eine Pille hundertmal täglich.

6 Haben Sie etwas gegen Heuschnupfen?

a) Diese Tabletten sind gut.
b) Nein, Sie brauchen nur frische Luft.
c) Wo tut es weh?

3 *In the Section A below, you see how various customers express what they need to the Apotheker. In Section B, in jumbled order, are the Apotheker's replies. Match them up.*

A

1 Das Wetter ist prima, aber ich habe einen Sonnenbrand.
2 Haben Sie einen Film für diese Kamera?
3 Ich fühle mich immer so müde und schwach.
4 Haben Sie etwas gegen Zahnweh?
5 Ich kann nicht schlafen. Können Sie mir helfen?
6 Mein Sohn hat eine kleine Wunde auf dem Knie.
7 Eine Currywurst mit Pommes Frites, bitte.

B

a) Sie gehen am besten zum Zahnarzt.
b) Diese Salbe ist sehr gut.
c) Der arme Junge! Möchten Sie Hansaplast (*sticking plaster*)?
d) Was? Das ist kein Restaurant. Sie gehen am besten zum Augenarzt.
e) Das kaufen Sie am besten beim Drogisten.
f) Leider nicht. Für Schlaftabletten brauchen Sie ein Rezept vom Arzt.
g) Sie können Vitamintabletten haben – aber Sie gehen am besten zum Arzt.

4 *Fill in the gaps:*

I have a sore throat	_ _ _ _ _ _ _ Halsweh.
My friend has migraine	Mein Freund _ _ _ _ _ _ _ _ _ _ .
My hand hurts	Meine _ _ _ _ _ _ _ mir _ _ _ .
Must I go to the doctor's?	Muß _ _ _ _ _ _ _ _ _ _ ?
I need a bandage	_ _ _ brauche _ _ _ _ _ _ _ _ _ _ _ .
Are they available without a prescription?	Sind Sie _ _ _ _ _ _ _ _ _ ?
Do you have any vitamin tablets?	Haben _ _ _
	_ _ _ _ _ _ _ _ _ _ _ _ _ _ ?
How often should I take them?	Wie _ _ _ soll _ _ _ _ _ _
	_ _ _ _ _ _ _ _ _ ?
I have a prescription	Ich _ _ _ _ _ _ _ _ _ _ _ _ _ .
My brother has broken his leg	_ _ _ _ Bruder _ _ _ sich das Bein
	_ _ _ _ _ _ _ _ _ .
Have you got something for diarrhoea?	Haben _ _ _ _ _ _ _ _ _ _ _ _ _
	Durchfall?

5 *Make up sketches of your own based on the following pictures. The extra phrases will help you.*

Was ist los?	What's wrong?
Setzen Sie sich hin	Sit down
Ich fühle mich . . .	I feel . . .
Mir ist schlecht	I don't feel well
seit gestern	since yesterday
vor einer Stunde	an hour ago
Wo finde ich einen Arzt?	Where can I find a doctor?

Zeigen Sie mir das Knie	Show me the knee
Machen Sie die Wunde sauber	Clean the wound
Wie ist das passiert?	How did it happen?
Das ist nicht so schlimm	It's not too bad
die Haut	the skin
Es blutet	It's bleeding

13 Eins zu null

A situational playlet based on the giving and understanding of directions

Fräulein Döhmer arbeitet im Verkehrsamt. Sie spricht mit einer alten Dame.

ALTE DAME	Wie komme ich am besten zum Stadtmuseum?
FRÄULEIN DÖHMER	Sie gehen hier geradeaus und . . .
	Ein junger Fußballfan stürzt herein.
FUSSBALLFAN	Wie komme ich am besten zum Fußballstadion?
FRÄULEIN DÖHMER	Einen Moment bitte.
ALTE DAME	Setzen Sie sich hin, junger Mann.
FUSSBALLFAN	Also gut. Aber machen Sie schnell. Das Spiel beginnt in zehn Minuten.
FRÄULEIN DÖHMER	Hier geradeaus. Sie nehmen die erste Straße links und die zweite Straße rechts.
ALTE DAME	Ist es weit?
FRÄULEIN DÖHMER	Zirka vierhundert Meter. Sie gehen am besten zu Fuß.
ALTE DAME	Vielen Dank.
	Sie geht zu den Broschüren
FUSSBALLFAN	Wie komme ich am besten zum Fußballstadion?
FRÄULEIN DÖHMER	Sie gehen die Marktstraße entlang, über die Markusbrücke. Sie nehmen dann die dritte Straße links.

FUSSBALLFAN	Danke. Fahre ich am besten mit dem Bus?
FRÄULEIN DÖHMER	Ja. Die Haltestelle ist hier vorne, Linie 8.
FUSSBALLFAN	Wann fährt der Bus?
FRÄULEIN DÖHMER	Um Viertel vor drei.
FUSSBALLFAN	Es ist schon Viertel vor drei.
ALTE DAME	Da fährt Ihr Bus, junger Mann. Schade. Macht nichts. Das Museum ist heute offen. Kommen Sie mit?

1 *Put this conversation into German by using unaltered phrases from the sketch.*

PETER	Could you tell me the way to the football stadium?
FRAU WUPPER	You take the first street on the left. You go along Marktstraße. Then you take the third street on the left.
PETER	Is it far?
FRAU WUPPER	About four hundred metres.
PETER	Is it best to go by bus?
FRAU WUPPER	The bus stop is just here but you'd do better to walk.
PETER	Many thanks.

2 *Here are the phrases used in the sketch to give directions:*

Sie gehen	hier geradeaus.	Sie nehmen	die erste Straße links.
	die Hauptstraße entlang.		die zweite Straße rechts.
	über die Markusbrücke		die dritte Straße links.

Which of these six phrases are represented by these diagrams?

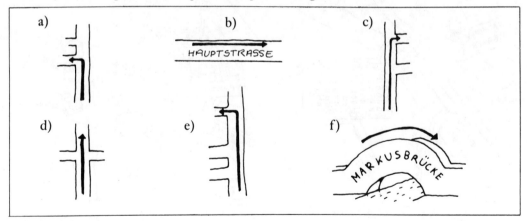

3 *Here are more phrases often used when giving directions:*

in die		bis zum Marktplatz	as far as the market
Schillerstraße	into Schiller Street		square
am Bahnhof vorbei	past the station	bis zur Post	as far as the post
an der Bank vorbei	past the bank		office
am Theater vorbei	past the theatre	bis zum Rathaus	as far as the town hall

Now find out where in Birkenburg you would end up if you followed the sets of directions below.

a) Sie gehen hier geradeaus, am Sportplatz vorbei. Sie kommen dann direkt zum
    _ _ _ _ _ _ _ _ _ .

b) Nehmen Sie die erste Straße rechts. Sie gehen dann die Josefsstraße entlang bis zur Stadtbibliothek. Nehmen Sie die erste Straße rechts und die erste Straße links. Sie kommen dann zur _ _ _ _ _ _ _ .

c) Gehen Sie in die Bahnhofstraße – das ist die erste Straße links. Dann nehmen Sie die erste Straße rechts. Sie kommen dann zum _ _ _ _ _ _ _ _ _ _ _ _ .

d) Gehen Sie geradeaus. Sie nehmen die zweite Straße links. Sie gehen über die Burgbrücke und dann geradeaus an dem Gasthaus Bauer vorbei. Sie kommen dann zur _ _ _ _ .

e) Nehmen Sie die erste Straße links und die zweite Straße rechts. Sie gehen dann die Eichstraße entlang, über die Brücke. Gehen Sie rechts und geradeaus. Sie kommen dann zur _ _ _ _ _ _ _ _ _ _ _ .

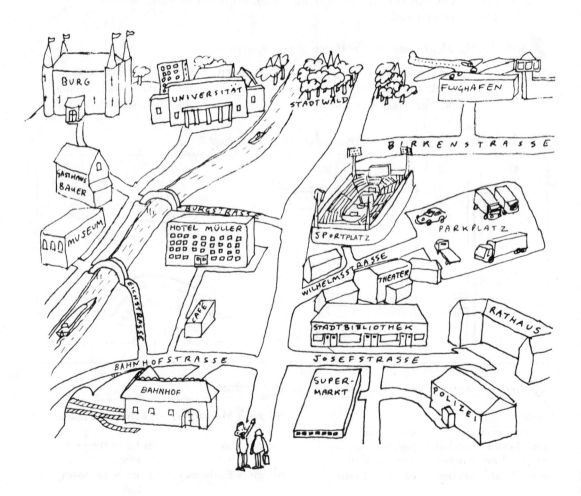

4 *Complete these conversations by using the information on the route maps.*

a)

MANN   Wie komme ich am besten zum Rathaus, bitte?
FRAU   Sie gehen . . . .
MANN   Wie weit ist es, bitte?
FRAU   . . . .
MANN   Vielen Dank.

b)

FRAU   Wie komme ich am besten zur Post, bitte?
MANN   . . . .
FRAU   Wie weit es bitte?
MANN   . . . .
FRAU   Vielen Dank.

5 *Make up a sketch of your own in which directions are asked for and given. Use the plan of Birkenburg in Exercise 3. Here are a few extra phrases:*

Ich bin hier fremd	I'm a stranger here
Ich habe hier einen Stadtplan	I have a map of the town here
Geht es hier nach Plauen?	Is this the way to Plauen?
Das tut mir leid. Ich weiß es nicht	I'm sorry, I don't know
Gibt es ein Café in der Nähe?	Is there a café round here?
wieder links	left again

14 Ein Dieb im Laden

A situational playlet set in a grocer's

Ein Laden: Herr Kohl ist Ladenbesitzer. Thomas kommt herein. Er spricht langsam.

HERR KOHL	Was kann ich für Sie tun?
THOMAS	Ich möchte fünf Kilo Zahnpasta und eine Tube Kartoffeln, bitte.
HERR KOHL	Einen Moment. Fünf Kilo Kartoffeln und eine Tube Zahnpasta. Das macht 6.50 DM.
THOMAS	Wo ist mein Geld? Ich kann es nicht finden.
	Das Telefon klingelt.
HERR KOHL	Entschuldigen Sie – das Telefon.
	Herr Kohl geht zum Telefon. Es ist in einem Zimmer hinter dem Laden. Frau Wex kommt herein. Thomas spricht schnell.
THOMAS	Guten Morgen. Was kann ich für Sie tun?
FRAU WEX	Geben Sie mir eine Dose Frankfurter, ein Liter Milch, 200 Gramm Räucherkäse, und haben Sie eine Flasche Rheinwein?
THOMAS	Ja, das haben wir. Sonst noch etwas?
FRAU WEX	Nein, danke. Was macht das, bitte?
THOMAS	Das macht 6.50 DM.
FRAU WEX	Was? Das ist aber billig. Stimmt das?
THOMAS	Ja, das stimmt. Alles ist billig heute . . . Danke schön. Auf Wiedersehen.
FRAU WEX	Bitte schön. Auf Wiedersehen, junger Mann. Dies ist ein guter Laden.
	Herr Kohl kommt vom Telefon zurück.

HERR KOHL Na ja. Das war meine Schwester aus Hamburg. Eine Katastrophe, der Goldfisch ist tot. So, 6.50 DM bitte.

THOMAS 6.50 DM. Bitte schön. Auf Wiedersehen.

1 *Look at the sketch again and find the German for the following:*

a) What can I do for you?
b) I'd like five kilos of toothpaste.
c) Give me a tin of frankfurters.
d) Have you a bottle of Rhine wine?
e) Anything else?
f) What does that come to?
g) Is that right?
h) Yes, that's right.

2 *Use this table to ask for the items listed below:*

	zweihundert Gramm	Tomaten
		Räucherkäse
	ein halbes Kilo	Zucker
		Rotwein
Ich möchte	ein Kilo	Schokolade
		Kekse
	ein Liter	Vollkornbrot
Geben Sie mir		Leberwurst
	eine Flasche	Mineralwasser
		Kartoffeln
	eine Tafel	Mayonnaise
		Backpulver
	eine Tube	Pflaumen
		Milch
	eine Dose	Zahnpasta
		Pilze
	ein Paket	Apfelwein
		Kerzen
	eine Schachtel	Bananen
		Sardinen
	vier Stück	Orangensaft
		Streichhölzer

a) a tube of toothpaste
b) a bottle of red wine
c) a kilo of sugar
d) a packet of baking powder
e) a litre of orange juice
f) 200 grams of liver sausage
g) a bar of chocolate
h) a box of matches
i) half a kilo of mushrooms
j) a tin of milk
k) four bananas
l) half a kilo of tomatoes
m) a tin of sardines
n) a tube of mayonnaise
o) four wholemeal loaves
p) a packet of biscuits
q) a kilo of potatoes
r) a kilo of plums
s) a bottle of mineral water
t) a litre of cider
u) 200 grams of smoked cheese
v) a box of candles

3 *Find how much the customer must pay:*

DELIKATESSENGESCHÄFT

HEUTE FRISCH!
KREBSE — 12 DM DAS STÜCK
MUSCHELN ~ 100g 3,00 DM
HERINGE ~ 500g 6,50 DM

EMMENTALER
Kg. 8,50 DM

KARTOFFELSALAT
500g 1,50 DM

BLUTWURST
100g 2,70 DM

BIERWURST
100g 2,00 DM

„Guten Tag. Ich möchte ein halbes Kilo Kartoffelsalat, vierhundert Gramm Bierwurst, zweihundert Gramm Blutwurst . . . Wo ist denn meine Liste? . . . Na, ein Kilo Emmentaler, zwei Stück Krebse, ein halbes Kilo Heringe und vierhundert Gramm Muscheln. Was macht das bitte?"
„Das macht . . . DM, Frau Zimmermann."

4 *Herr Braun is shopping; Frau Schneider is behind the counter. Re-arrange their lines to make the whole conversation make sense. Only one order really works well. Frau Schneider speaks first and last.*

Frau Schneider's lines
(not in order)

1 Sonst noch etwas?
2 Auf Wiedersehen, Herr Braun.
3 Guten Morgen. Was kann ich für Sie tun?
4 Ja, eine große oder eine kleine?
5 Sie kosten 50 Pfennig das Stück. Das macht zusammen 3.50 DM, bitte.

Herr Braun's lines
(also not in order)

1 Ich möchte auch sieben Stück Birnen, bitte.
2 Guten Morgen. Haben Sie bitte eine Flasche Cola?
3 So, bitte schön. Auf Wiedersehen.
4 Geben Sie mir bitte die kleine Flasche.

5 *You are in a food shop. Can you get by in German?*

VERKÄUFER Guten Tag. Was kann ich für Sie tun?
SIE [*You would like a litre of orange juice*]
VERKÄUFER Bitte schön. Sonst noch etwas?
SIE [*You would like a kilo of sugar and a tin of milk*]
VERKÄUFER Eine große Dose oder eine kleine?

	SIE	[*Tell him to give you the small one*]
VERKÄUFER		Sonst noch etwas?
	SIE	[*Ask if they have wholemeal bread*]
VERKÄUFER		Das tut mir leid. Wir haben nur Toastbrot.
	SIE	[*You say no thank you and ask what it all comes to*]
VERKÄUFER		Das macht zusammen 10.50 DM.
	SIE	[*You give him the money and say goodbye*]

6 *Now invent sketches of your own. You can use the following ideas and vocabulary.*

WER?	WO?	WAS?	
Vegetarier(in)	in der Bäckerei	Roggenbrot	rye bread
		Graubrot	grey bread
		Schwarzbrot	black bread
		sechs Brötchen	six rolls
		ein geschnittenes Brot	a cut loaf
Hotelier	im Delikatessen-geschäft	Salami	salami
		Leberwurst	liver sausage
		Blutwurst	blood sausage (like black pudding)
Partygeber(in)		Knackwurst	short, fat pork sausage
		Kohlsalat	coleslaw
		Kartoffelsalat	potato salad
Tourist(in)	in der Fleischerei	Speck	bacon
		Schinken	ham
		Schweinefleisch	pork
		Rindfleisch	beef
		Kotelett	cutlet, chop
Vater/Mutter von einer großen Familie	am Markt	Birnen	pears
		Trauben	grapes
		Aprikosen	apricots
		Orangen	oranges
Student(in) mit nur zwei Mark in der Tasche		Rotkohl	red cabbage
		Blumenkohl	cauliflower
	im Fischgeschäft	Schellfisch	haddock
		Karpfen	carp
		Forelle	trout
		Rollmops	pickled herring
		frisch	fresh
		geräuchert	smoked

15 Kleider machen Leute

A situational playlet based on buying clothes

In der Herrenabteilung von einem Kaufhaus gibt es eine rosa Jacke. Niemand mag die Jacke. Die Verkäuferin versucht dann and wann, die Jacke zu verkaufen. Heute kommt ein junger Mann herein. Er sieht nervös aus. Die Verkäuferin folgt ihm . . .

VERKÄUFERIN	*[laut]* Kann ich Ihnen helfen?
MANN	Ah! Nein danke. Ich schaue mich nur um.
VERKÄUFERIN	Sie lügen!
MANN	OK. OK. Ich suche ein Geschenk für meinen Onkel.
VERKÄUFERIN	Was denn?
MANN	Führen Sie gestreifte Socken?
VERKÄUFERIN	*[antwortet nicht, sondern zeigt auf seine Jacke]* Sie brauchen eine neue Jacke.
MANN	Aber ich habe diese Jacke hier gekauft – erst letzte Woche.
VERKÄUFERIN	Die Farbe gefällt mir nicht.
MANN	Aber sie paßt zu meiner Hose.
VERKÄUFERIN	Braun ist nicht mehr Mode.
MANN	Schade. Braun war meine Lieblingsfarbe. Haben Sie das Gleiche in Blau?
VERKÄUFERIN	Wir haben das Gleiche in Rosa – diese rosa Jacke hier ist im Sonderangebot.
MANN	Darf ich sie anprobieren?
VERKÄUFERIN	Welche Größe haben Sie?
MANN	Neunzig.
VERKÄUFERIN	Macht nichts. Probieren Sie die Jacke an.
	[Der Mann zieht seine Jacke aus und zieht die rosa Jacke an]
MANN	Die ist zu groß. Haben Sie etwas Kleineres?

VERKÄUFERIN	Nein, die Jacke ist einmalig.
MANN	Ich bin zu klein für Ihre Jacke.
VERKÄUFERIN	Sie undankbare Person.
MANN	Die Jacke ist . . . interessant, aber ich suche nur gestreifte Socken.
VERKÄUFERIN	Gestreifte Socken finden Sie in einer Modeboutique. Auf Wiedersehen.

1 *Look at the sketch again and find the German for the sentences and phrases below.*

The sales assistant said:

a) Can I help you?
b) I don't like the colour.
c) Brown has gone out of fashion.
d) On special offer.
e) What size are you?
f) Try the jacket on.

The customer said:

a) I'm just looking.
b) Do you stock striped socks?
c) It goes with my trousers.
d) My favourite colour.
e) Do you have the same in blue?
f) May I try it on?

2 *Fill in the gaps in these conversations by choosing the correct words from those below.*

a)

ELSE	Guten Tag. Ich suche ein _____ für meinen _____ . Führen Sie _____ ?
VERKÄUFER	Ja, wir haben etwas Interessantes im _____ : diese schönen Handschuhe in Purpur.
ELSE	Wie furchtbar! Das ist nicht mehr _____ . Haben Sie das _____ in Schwarz?
VERKÄUFER	Nein, nur in Rosa und Weiß.
ELSE	Also, danke. Auf Wiedersehen.

Handschuhe / Gleiche / Mode / Geschenk / Bruder / Sonderangebot

b)

VERKÄUFER	Guten Tag. Kann ich Ihnen _____ ?
KLAUS	Ja, ich suche einen warmen _____ .
VERKÄUFER	Welche _____ haben Sie?
KLAUS	Neunzig.
VERKÄUFER	Wir haben diesen Pullover aus Wolle.
KLAUS	Nein, die Farbe _____ mir nicht.
VERKÄUFER	Wir haben auch diesen hier.
KLAUS	Toll! Grün ist meine _____ .
VERKÄUFER	Also, _____ Sie den Pullover an. Der Spiegel ist dort drüben.

Größe / Lieblingsfarbe / gefällt / Pullover / helfen / probieren

3 *On the left are questions which a customer buying clothes might ask. The salesperson's answers are on the right, in a jumbled order. Match the answers to the questions.*

a) Haben Sie die gleiche Bluse in Blau?
b) Sind diese Schuhe im Sonderangebot?
c) Darf ich es anprobieren?
d) Führen Sie Regenmäntel?
e) Ich suche Fußballschuhe.
f) Paßt diese braune Jacke zu der Hose?

1 Nein, das ist der Normalpreis.
2 Nein, die Hose ist blau.
3 Nein, wir führen nur Anoraks.
4 Die finden Sie in der Sportabteilung.
5 Natürlich. Probieren Sie das Kleid an.
6 Es tut mir leid. Sie sind alle in Rot.

4 *On the left are the beginnings of certain sentences and on the right are the endings, in a jumbled order. Find the German for the sentences beneath by matching up beginnings and endings.*

Ich schaue	Wollsocken?
Ich suche	zu groß.
Der Hut ist	meine Lieblingsfarbe.
Darf ich	ein Geschenk für meinen Vater.
Diese Jacke paßt	mich nur um.
Führen Sie	den Pullover anprobieren?
Rot ist	etwas Kleineres?
Haben Sie	zu meiner Hose.

a) May I try the pullover on?
b) I'm just looking.
c) This jacket goes with my trousers.
d) I'm looking for a present for my father.
e) The hat is too big.
f) Do you stock woollen socks?
g) Have you something smaller?
h) Red is my favourite colour.

5 *Make up sketches of your own. You can use the extra vocabulary provided.*

a)

die Wollmütze	woolly hat
der Schal	scarf
der Anorak	anorak
die Skijacke	ski jacket
warme Handschuhe	warm gloves
eine dicke Hose	thick trousers
lange Socken	long socks
aus Wolle	(made of) wool
aus Baumwolle	(made of) cotton
aus Nylon	(made of) nylon
aus Plastik	(made of) plastic
aus Leder	(made of) leather

b)

altmodisch	old fashioned
fade	dull
schick	smart
toll	great
aus London	from London
der Button	badge
der letzte Schrei	the latest thing
ein neues Image	a new image

16 Einladung ins Kino

A situational playlet based on going to the cinema

Inge und Roland mögen sich, aber sie kennen sich nicht sehr gut. Es ist Freitag abend. Sie sitzen in einem Café.

ROLAND	Grüß dich, Inge. Kommst du mit zur Disco?
INGE	Nein, Roland. Wir gehen ins Orion.
ROLAND	Was? In so ein teures Kino? Die billigsten Plätze im Parkett kosten 8 Mark. Sperrsitz kostet 10 Mark oder so. Ich habe nicht genug Geld.
INGE	Hab keine Angst. Ich zahle, denn ich bin doch eine emanzipierte Frau. Ich habe Karten im Balkon reservieren lassen.
ROLAND	Danke. Wann beginnt die letzte Vorstellung?
INGE	Sie hat schon begonnen. Aber es gibt zuerst einen Kulturfilm und Werbung. Der Hauptfilm beginnt um 9 Uhr.
ROLAND	Moment mal. Wann ist die Vorstellung zu Ende? Der letzte Bus fährt um 10 vor 12.
INGE	Kein Problem, mein Schatz. Ich bringe dich mit dem Motorrad nach Hause.
ROLAND	Was läuft denn?
INGE	Rat mal! Es ist freigegeben ab 16 Jahren.
ROLAND	Ein Kriegsfilm? Ein Western? Ein Krimi? Ein Musical?
INGE	Nein – etwas Romantisches.
ROLAND	Eine Liebesgeschichte! Eine Liebesgeschichte! Und du bist eine Feministin! Wie heißt dieser romantische Film?
INGE	‚Drakulas Braut.' Komm, hier ist ein Sturzhelm für dich.

63

1 *Look at the sketch again and pick out the German for:*

a) an expensive cinema
b) the cheapest seats
c) in the front stalls
d) Rear stalls cost ten marks.
e) I've reserved balcony seats.
f) When does the last performance start?

g) There's a documentary first.
h) advertisements
i) When does the performance finish?
j) What's on?
k) It's for over 16s only.
l) a love story

2 *Which of these statements about the sketch are true, and which are false?*

a) Inge und Roland sitzen im Café.
b) Sie gehen in die Disco.
c) Das Orion ist ein Kino.
d) Roland findet das Orion teuer.
e) Inge hat Karten im Parkett reservieren lassen.
f) Die letzte Vorstellung hat schon begonnen.

g) Der Hauptfilm ist um neun Uhr zu Ende.
h) Ein guter Western läuft im Orion.
i) Der Film im Orion ist für Kinder.
j) Der Film heißt ‚Drakulas Braut.'

3 *Fill in the gaps using the words beneath.*

KARL   Ute, gehen wir ins _ _ _ _ ?
UTE   _ _ _ läuft?
KARL   ‚Metropolis' von Fritz Lang.
UTE   Toll! Ein wunderbarer alter _ _ _ _ !
KARL   Ich habe Karten _ _ _ _ _ _ _ _ _ _ lassen.
UTE   Im _ _ _ _ _ _ ?
KARL   Nein, das ist zu teuer. Im Parkett.
UTE   _ _ _ _ beginnt die Vorstellung?
KARL   Ein Kulturfilm _ _ _ _ _ im Moment. Der Hauptfilm beginnt in zwanzig
       _ _ _ _ _ _ _ .
UTE   Und wann ist die Vorstellung zu _ _ _ _ ?
KARL   Um Viertel nach zehn.
UTE   So, gehen wir, Karl!

reservieren / Kino / Ende / Balkon / Wann / Was / Film / läuft / Minuten

4 *You are 'phoning the cinema to make some enquiries. Can you get by in German, following the guidelines?*

FRÄULEIN   Kino Capitol.
SIE (YOU)   [*Ask what is showing today*]
FRÄULEIN   Der Film heißt ‚Raumschiff zu den Sternen'.
SIE   [*Ask when the last performance starts*]
FRÄULEIN   Um zweiundzwanzig Uhr.
SIE   [*Ask what balcony seats cost*]
FRÄULEIN   Vierzehn Mark.
SIE   [*Ask what rear stalls cost*]
FRÄULEIN   Sperrsitz kostet zwölf Mark; Parkett zehn Mark.
SIE   [*Reserve four seats in the rear stalls*]

FRÄULEIN   Ist das für die letzte Vorstellung?

SIE   [*Say it is and give your name*]

FRÄULEIN   Alles in Ordnung. Auf Wiederhören.

5 *Make up your own sketches based on these drawings. Further phrases are provided.*

(a)

(b)

Was für ein Film ist es?	What sort of film is it?
Wir sind ausgebucht	We are full
Ihr Ausweis, bitte	Your identity card, please
Einmal Parkett, bitte	One front stall, please
Ich möchte hinten sitzen	I'd like to sit at the back
Gibt es einen Kiosk im Kino?	Is there a sales counter in the cinema?

17 Campingplatz Sonnenschein

A situational playlet based at a campsite

Bei der Anmeldung. Der Platzwart zählt sein Geld. Susie und Erika kommen herein. Sie sehen etwas draußen durch das Fenster . . .

SUSIE	Schau, Erika! Das ist Luxus!
ERIKA	Der Wohnwagen bei dem Camping-Shop?
SUSIE	Nein, das enorme Zelt zwischen dem Café und dem Waschraum.
PLATZWART	Ja. Der Herr Schmidt hat einen Palast.
ERIKA	Schau! Er packt aus . . . Schlafsäcke . . . Luftmatratzen . . . Campingkocher . . . Wasserkanister. . . .
PLATZWART	. . . Stereo . . . Sofa . . . Farbfernseher . . .
SUSIE	Und ein Zweimannzelt für den Chauffeur.
ERIKA	Na ja. Wir möchten uns anmelden, bitte.
PLATZWART	Alles voll. Es tut mir leid. Der nächste Campingplatz ist in Überschweng.
SUSIE	Was? Wir haben reserviert.
PLATZWART	Aber alle reservierten Plätze sind weg.
ERIKA	Der Name ist Schmidt. Erika Schmidt. Hier ist meine Campingkarte.
PLATZWART	Schmidt? Das ist aber komisch. [*Er öffnet sein Reservierungsbuch*] Wieviele Personen sind Sie?
SUSIE	Zwei Erwachsene. Was ist hier los?
PLATZWART	Moment. Wie lange bleiben Sie?
ERIKA	Nur eine Nacht.
PLATZWART	Ja, alles stimmt. Sie sind die richtige Schmidt.
SUSIE	Und der Schmidt mit dem Luxuszelt hat unseren Platz!
PLATZWART	Stimmt. Er verläßt diesen Campingplatz sofort.
ERIKA	Nicht so schnell. Warten wir, bis er alles ausgepackt hat!

1 *Look at the sketch again and pick out the German for the following:*

a) He's unpacking.
b) We'd like to sign in, please.
c) We're full.
d) the nearest campsite
e) We've booked.
f) Here's my camping carnet.
g) How many are you?
h) two adults
i) How long are you staying?
j) Just a night.

2 *By solving each clue down discover the mystery word across. All the words are to be found in the sketch.*

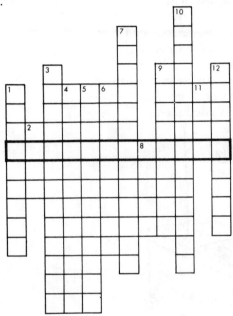

1 Dies ist im _ _ _ _ _ _ _ _ _ .

2 Ich habe so einen Durst. Ist das _ _ _ _ noch offen?

3 Ich schlafe mit einer _ _ _ _ _ _ _ _ _ _ _ _ unter dem Schlafsack: das ist Komfort!

4 Der Name ist Feinstein. Hier ist meine _ _ _ _ _ _ _ _ _ _ _ _ von dem Deutschen Camping-Club.

5 Ein Zelt für zwei Personen? Das heißt ein _ _ _ _ _ _ _ _ _ _ _ .

6 Das ist ein _ _ _ _ _ _ _ _ _ .

7 Die Suppe ist im Kochtopf. Sie kocht auf dem _ _ _ _ _ _ _ _ _ _ _ _ .

8 Der Herr Schmidt im Sketch hat den _ _ _ _ _ von Susie und Erika.

9 Das Büro, wo wir uns anmelden, heißt die _ _ _ _ _ _ _ _ _ .

10 Wir haben kein Wasser mehr. Geh mal mit dem _ _ _ _ _ _ _ _ _ _ _ _ _ zum Waschraum.

11 Der Autofahrer bringt einen Wohnwagen zum Campingplatz, aber der Radfahrer übernachtet in einem kleinen _ _ _ _ .

12 Der _ _ _ _ _ _ _ _ _ öffnet das Reservierungsbuch.

3 *Fill in the gaps:*

a) „Hallo? Hier Campingplatz Oase.
  – Am achten August?
  – Haben Sie einen P _ _ _ _ r _ _ _ _ _ _ _ _ _?
  – Es tut mir leid. Alles v _ _ _ .
  – Der n _ _ _ _ _ _   C _ _ _ _ _ _ _ _ _ _ _ ist in Eulheim.“

b) „Hallo? Hier Campingplatz Oase.
  – Am neunten April? Ja, das geht.
  – Wir haben einen P _ _ _ _ frei.
  – W _ _ _ _ _ _ _   P _ _ _ _ _ _ sind Sie?
  – Haben Sie ein Z _ _ _ oder einen W _ _ _ _ _ _ _ _ ?
  – Und wie l _ _ _ _ b _ _ _ _ _ _ Sie?
  – Zehn Tage? So lange? Das ist problematisch.
  – Der Platz ist nur für vier Tage frei.
  – Es tut mir leid. Auf Wiederhören.“

4 *Here are some lines from conversations which took place in the* Anmeldung *of a campsite. From each bracket choose the word or phrase which seems most likely.*

a) Sehen Sie! Da ist mein Mann mit dem Rucksack. Er packt [die Schlafsäcke/die Kinder/den Balkon] aus.
b) Wir verkaufen Luftmatratzen im [Waschraum/Camping-shop/Café].
c) Wir möchten uns [anmelden/verkaufen/auspacken], bitte.
d) Am 7. Juli? Moment, bitte. Ich gucke [ins Zelt/in den Schlafsack/ins Reservierungsbuch].
e) Wir sind sechs Personen: vier Erwachsene und [zwei Hunde/drei Kinder/zwei Kinder].
f) Wie [sauber/lange/oft] bleiben Sie, Herr Reich?
g) Ich fahre nach Hause: mein [Freund/Rucksack/Bankmanager] bleibt bis Freitag.

5 *Fill in the missing lines of these conversations by following the English guidelines.*

a)

PLATZWART	Guten Tag. Sie wünschen, bitte?
SIE	[Say you would like to sign in]
PLATZWART	Alles voll – oder haben Sie einen Platz reserviert?
SIE	[Say you have reserved a site]
PLATZWART	Ihr Name, bitte?
SIE	[Give your name and offer your camping carnet]
PLATZWART	Danke. Warten Sie einen Moment, bitte.

b)

PLATZWART	Wieviele Personen sind Sie?
SIE	[seven adults]
PLATZWART	Was? Keine Kinder?
SIE	[Say you have two children]
PLATZWART	Und wie lange bleiben Sie?
SIE	[Just four days]
PLATZWART	Wir haben keinen Platz frei für vier Tage.
SIE	[Ask where the next campsite is]
PLATZWART	Bei Ausheim – vierzig Kilometer weiter.

6 *Make up conversations of your own:*

a)

mit dem Rad	by bicycle
für zwei Nächte	for two nights
für eine Woche	for a week
Was kostet es pro Tag?	What does it cost per day?

b)

der/die Pfadfinder	boy scout(s)
die/die Pfadfinderin(nen)	girl guide(s)
es regnet	it's raining
zehn Kilometer weiter	ten kilometres further on

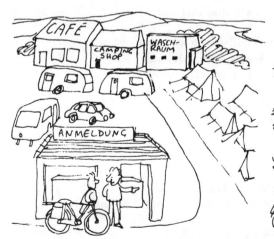

18 Der traurige General

A situational playlet set in a lost property office

Ein Fundbüro. Herein kommt ein General in voller Uniform. Er sieht, daß der Beamte allein ist, und geht unsicher zum Schalter.

GENERAL	Mein Name ist General von Stahl. Wir sind hier auf Manöver.
BEAMTE	Wie kann ich Ihnen helfen?
GENERAL	[*flüstert*] Ich habe einen . . . einen Teddybären verloren.
BEAMTE	Das tut mir leid! War er ein Geschenk für Ihre Kinder?
GENERAL	Ich habe keine Kinder, nur Siegfried meinen Teddybären.
BEAMTE	Wo haben Sie Siegfried verloren?
GENERAL	Ich weiß nicht. Irgendwo im Stadtzentrum.
BEAMTE	Wann haben Sie Siegfried verloren?
GENERAL	Vor einer Stunde oder so.
BEAMTE	Beschreiben Sie Ihren Teddybären, Herr General.
GENERAL	Er hat so eine freundliche Natur . . .
BEAMTE	Klar, Herr General. Aber wie sieht Ihr Teddybär aus?
GENERAL	Er ist ungefähr vierzig Zentimeter groß und er hat nur ein Auge.
BEAMTE	Welche Farbe?
GENERAL	Hellbraun. Hat jemand meinen Siegfried gefunden?
BEAMTE	Ich sehe nach . . . Nein. Es tut mir leid. Vielleicht findet jemand Siegfried. Kommen Sie morgen wieder.

GENERAL   [*mit Tränen in den Augen*] Morgen? Ohne Siegfried kann ich nicht schlafen.
BEAMTE   Keine Angst. [*Er holt einen Teddybären unter dem Schalter hervor*] Bitte
          schön. Ich borge Ihnen meinen Teddybären. Er heißt Parzival.
GENERAL   Sie sind zu nett, einfach zu nett.

1 *Here are some key questions and answers, no different from those used in the sketch, only a scarf has been lost this time, not a teddybear. Fill in the gaps.*

What the official might say:

How can I help you?

Wie _ _ _ _   _ _ _   _ _ _ _ _
_ _ _ _ _ _ ?

Where did you lose the scarf?

_ _   _ _ _ _ _   _ _ _ den Schal
_ _ _ _ _ _ _ ?

When did you lose the scarf?

_ _ _ _   _ _ _ _ _   _ _ _ den Schal
_ _ _ _ _ _ _ ?

Describe your scarf.

_ _ _ _ _ _ _ _ _ _ _   _ _ _ Ihren
Schal.

What does your scarf look like?

_ _ _   _ _ _ _ _   Ihr Schal _ _ _ ?

What colour?

_ _ _ _ _ _   _ _ _ _ _ ?

I'll just look.

_ _ _   _ _ _ _   _ _ _ _ .

Come back tomorrow.

_ _ _ _ _ _   _ _ _   _ _ _ _ _ _
_ _ _ _ _ _ .

What the loser might say:

I've lost my scarf.

_ _ _   _ _ _ _ meinen Schal
_ _ _ _ _ _ _ _ .

I don't know

_ _ _   _ _ _ _   _ _ _ _ _ .

Somewhere in the city centre.

_ _ _ _ _ _ _   _ _
_ _ _ _ _ _ _ _ _ _ _ _ .

About an hour ago.

_ _ _   _ _ _ _ _   _ _ _ _ _   _ _ _ _
_ _ .

It's about sixty centimetres long.

_ _   _ _ _   _ _ _ _ _ _ _ _ _ sechzig
_ _ _ _ _ _ _ _ _ _ lang.

Light brown.

_ _ _ _ _ _ _ _ _ .

Has anyone found my scarf?

_ _ _   _ _ _ _ _ _ meinen Schal
_ _ _ _ _ _ _ ?

2 *According to what you have read in the sketch, which of the following statements are true, and which are false?*

a) Ein Mann in Uniform geht zum Schalter.

b) Der Teddybär war ein Geschenk für die Kinder des Generals.

c) Der General sagt, er habe den Teddybären im Stadttheater verloren.

d) Der General hat den Teddybären vor ungefähr einer Stunde verloren.

e) Der General beschreibt den Teddybären.

f) Der Teddybär ist hellblau.

g) Der Beamte sieht nach.

h) Der General borgt dem Beamten einen Teddybären.

i) Der Vorname des Generals ist Parzival.

3 *On the left are some things which an official at a* Fundbüro *might say. The loser's responses are in a different order on the right. Match them up.*

What the official says
1 Wie kann ich Ihnen helfen?
2 Wann haben Sie die Handschuhe verloren?
3 Wo haben Sie die Handschuhe verloren?
4 Beschreiben Sie die Handschuhe. Sind sie aus Leder?
5 Welche Farbe?
6 Ich sehe nach. . . . Nein, es tut mir leid.

What the loser says
a) Vor vier Stunden oder so.
b) Hellblau.
c) Nein, aus Wolle.
d) Ich komme morgen wieder.
e) Ich habe meine Handschuhe verloren.
f) Ich weiß nicht. Irgendwo im Park.

4 *You are at the* Fundbüro; *can you get by in German?*

BEAMTE	Guten Tag. Kann ich Ihnen helfen?
SIE	[*Say you have lost a rubber duck* (eine Gummiente)]
BEAMTE	Wo haben Sie die Gummiente verloren?
SIE	[*You do not know*]
BEAMTE	Wann haben Sie die Ente verloren?
SIE	[*About two hours ago*]
BEAMTE	Beschreiben Sie diese Gummiente.
SIE	[*Say it is yellow and about twenty centimetres high*]
BEAMTE	Ich sehe nach.
SIE	[*Ask if anyone has found your rubber duck*]
BEAMTE	Nein, es tut mir leid. Kommen Sie zum nächsten Karneval wieder.

5 *Here are some phrases you may need when describing things.*

Colour
hellgrün	light green
dunkelgrün	dark green
gestreift	striped
kariert	checked

Size
zwanzig Zentimeter	20 cm
lang	long
hoch	high
breit	wide
dick	thick

Material
aus	**Leder**	(made of)	leather
	Plastik		plastic
	Stahl		steel
	Holz		wood
	Silber		silver
	Gold		gold
	Wolle		wool

Miscellaneous
In welchem Zustand war es?	What condition was it in?
Was war darin?	What was in it?
Es ist wertvoll	It's valuable
in einem Kasten	in a case
der Finderlohn	reward

Now make up sketches of your own set in a Fundbüro. Here are some ideas for things which might have been lost.

„Ich habe	eine	Kamera	verloren.“
	einen	Pullover	
	ein	Notizbuch	
	ein	Fernglas	
	einen	Regenmantel	
	meine	Brieftasche	
	meinen	Paß	
	meinen	Taschenrechner	
	meine	Klarinette	
	meinen	Rucksack	
	meine	Handschuhe	

6 *Make up a sketch based on the picture below.*

eine heikle Sache	a delicate matter
eine Hose	pair of trousers
irgendwo im Park	somewhere in the park
die Polizei	the police

19 Ein Held von heute

A situational playlet based on getting a lift

Oliver hat endlich seinen Führerschein. Er fährt mit seinem Sportwagen um das Stadtzentrum. Er sieht Frau Döhmer an der Bushaltestelle, stoppt und macht die Autotür auf. Frau Döhmer kennt Oliver und seine Fahrmethoden.

OLIVER	Tag, Frau Döhmer. Möchten Sie mitfahren?
FRAU DÖHMER	Tag, Oliver. Fahren Sie nach Zündorf?
OLIVER	Sicher. Steigen Sie ein.
FRAU DÖHMER	Schade. Ich fahre nach Eusdorf. Der Bus kommt gleich.
OLIVER	Kein Problem. Ich fahre Sie nach Eusdorf.
FRAU DÖHMER	Aber Sie haben keinen Platz für meine Einkaufstasche.
OLIVER	Doch. Im Kofferraum. [*Er springt heraus, stellt die Einkaufstasche in den Kofferraum und kommt zurück*]
FRAU DÖHMER	Danke. Fahren Sie nicht zu schnell, Oliver.
OLIVER	Festhalten! Drei . . . zwo . . . eins . . . Zündung . . . los!
FRAU DÖHMER	Oliver, wir fahren rechts in Deutschland.
OLIVER	Na! Wo ist denn das Bremspedal?
FRAU DÖHMER	Passen Sie auf, Oliver! Ein Lastwagen.
OLIVER	Verdammt! Das war das Gaspedal.
FRAU DÖHMER	Oh! Mir ist schlecht.
OLIVER	Nur ruhig, Frau Döhmer. Ich habe das Bremspedal gefunden. [*Ein Zusammenstoß*] Zu spät. Schade.
FRAU DÖHMER	Oliver, ich möchte hier aussteigen. Auf Wiedersehen. [*Sie holt ihre*

Tasche und geht zu Fuß weiter]

OLIVER   Auf Wiedersehen, Frau Döhmer . . . *[zu sich selbst]* Und sie hat nicht einmal danke schön gesagt!

1 *Look at the sketch again and find the German for:*

a) Would you like a lift?
b) Are you going to Zündorf?
c) Jump in.
d) I'm going to Eusdorf.
e) I'll take you to Eusdorf.

f) But you have no room.
g) In the boot.
h) I feel ill.
i) I'd like to get out here.

2 *Fill in the gaps using words below.*

AUTOFAHRER   Guten Tag. Ich _____ nach Porz. Möchten Sie _____ ?

FUSSGÄNGERIN   Porz? Sie fahren die Kölner Straße entlang, durch Westhoven, nicht? Ich _____ nach Westhoven.

AUTOFAHRER   Klar. Ich fahre Sie _____ Westhoven. Steigen Sie _____ .

FUSSGÄNGERIN   Haben Sie _____ für meine Pakete?

AUTOFAHRER   Ja, wir haben Platz im _____ .

FUSSGÄNGERIN   Also gut, aber fahren Sie nicht zu schnell.

Platz / ein / nach / Kofferraum / möchte / mitfahren / fahre

3 *Herr Schwelle is driving to market but stops when he sees Herr Korn lugging a heavy crate long the road. Herr Korn wonders if Herr Schwelle might take the crate in his car. There is room and Herr Korn is invited to jump in, too. Herr Schwelle speaks first, saying 'Tag, Herr Korn. Wo ist denn Ihr Auto heute?' Here are the other six lines from the conversation. Re-arrange all seven into an order which makes sense.*

–   Also gut, ich steige ein. Aber fahren Sie nicht zu schnell wegen der Eier.
–   In der Garage, kaputt. Fahren Sie zum Markt, Herr Schwelle?
–   Sie ist voller Eier. Aber, Herr Schwelle, haben Sie Platz für die Kiste?
–   Ich fahre nur langsam, Herr Korn. Ihre Eier kommen gut zum Markt.
–   Wie jeden Dienstag. Was ist denn in der Kiste?
–   Platz für Ihre Kiste? Ich stelle sie in den Kofferraum. Na, möchten Sie mitfahren?

4 *You are hitch-hiking in Germany. A lady motorist stops. Can you get by in German?*

SIE   *[Ask if she is going to Wiesbaden]*

AUTOFAHRERIN   Ich fahre nach Mainz. Es ist nicht zu weit von Wiesbaden. Möchten Sie mitfahren?

SIE   *[You would – but ask if there is room for your rucksack]*

AUTOFAHRERIN   Kein Problem. Es ist Platz genug auf dem Rücksitz. Steigen Sie mal ein!

   (Zwanzig Minuten später)

SIE   *[Say you would like to get out here]*

AUTOFAHRERIN   Dies ist doch nur ein kleines Dorf. Ist was los?

SIE   *[Say you feel ill]*

AUTOFAHRERIN   Das tut mir leid.

5 *Now make up sketches of your own. You can use these pictures and words.*

a)

Ist was los?	Is something wrong?
Ich überlege es mir	I'm thinking about it
Ich warte auf einen Freund	I'm waiting for a friend
Ich will nicht nach Kassel	I don't want to go to Kassel

b)

der Autostopp	hitch-hiking
auf der Autobahn	on the motorway
verboten	prohibited
Wir bringen Sie zur nächsten Ausfahrt	We'll take you to the next exit

20 Dienst ist Dienst

A situational playlet set at a border crossing

An der Grenze. Der Zollbeamte mag keine Tricks. Eine alte Frau, schwarz gekleidet, kommt an.

ZOLLBEAMTE	Ausweis, bitte. [*Er nimmt den Ausweis*]
ALTE DAME	Kornelia Kessel ist der Name, weltbekannte Hexenkochbuchautorin.
ZOLLBEAMTE	Wohin fahren Sie?
ALTE DAME	In den Harz. Heute abend ist Walpurgisnacht.
ZOLLBEAMTE	Und der Grund Ihres Besuchs?
ALTE DAME	Ich besuche eine wichtige Konferenz.
ZOLLBEAMTE	Wie lange bleiben Sie in Deutschland?
ALTE DAME	Bis Sonnenaufgang.
ZOLLBEAMTE	Haben Sie etwas zu verzollen?
ALTE DAME	Nein, nichts zu verzollen.
ZOLLBEAMTE	Machen Sie den Koffer bitte auf. [*Sie macht den Koffer langsam auf*] Ah! Kröten! Kommen Sie mit mir!
ALTE DAME	Warum denn? Sind Kröten zollpflichtig?
ZOLLBEAMTE	Sie wissen schon. Die Einfuhr von Kröten ist verboten.
ALTE DAME	Also bitte! Ein paar Kröten für eine harmlose Hexe.
ZOLLBEAMTE	Nein. Sonst bringt jedermann Kröten ins Land. Wir müssen doch Ordnung haben.
ALTE DAME	(*rezitiert*) Ein Zauberwort und Sie verschwinden. Verdammt! Ich kann das Wort nicht finden.
ZOLLBEAMTE	(*rezitiert*) Schluß mit dummer Hexerei. Deutschland bleibt noch krötenfrei.
	(*Er packt sie am Arm und führt sie zum Büro*)

1 *Look at the sketch again and find the German for:*

a) At the border.
b) Where are you travelling to?
c) The reason for your visit?
d) I'm going to an important conference.
e) How long are you staying in Germany?
f) Have you anything to declare?
g) Nothing to declare.
h) Open the suitcase, please.
i) Is there duty on toads?
j) to the office

2 *For each question find out which answer agrees with the information given in the sketch.*

1 Wo ist der Zollbeamte?

a) Auf einer Konferenz.
b) An der deutschen Grenze.
c) Im Harz.

2 Was gibt Kornelia dem Zollbeamten?

a) Ein paar Kröten.
b) Ein Hexenkochbuch.
c) Ihren Ausweis.

3 Wie lange bleibt Kornelia in Deutschland?

a) Einige Stunden.
b) Einige Tage.
c) Einige Wochen.

4 Kornelia macht den Koffer auf. Was findet der Zollbeamte darin?

a) Bücher über Kröten.
b) Etwas Verbotenes.
c) Eine harmlose Hexe.

5 Darf also Kornelia Kröten über die Grenze bringen?

a) Nein, sie darf es nicht.
b) Ja, Kröten sind zollfrei.
c) Ja, aber Kröten sind zollpflichtig.

3 *Fill in the gaps using the words beneath.*

ZOLLBEAMTE   Guten Tag. Ihr _____ , bitte. So, Sie kommen aus der Schweiz. Wohin _____ Sie?

FRAU KELLER   Nach Wien.

ZOLLBEAMTE   Und der _____ Ihres Besuchs?

FRAU KELLER   Ich besuche _____ .

ZOLLBEAMTE   Wie lange bleiben Sie in _____ ?

FRAU KELLER   Ein paar _____ nur, bis Donnerstag.

ZOLLBEAMTE   Haben Sie etwas zu _____ ?

FRAU KELLER   Nur diesen Branntwein. Ist er _____ ?

ZOLLBEAMTE   Nein, das ist zollfrei. Machen Sie den _____ bitte auf. (*Sie macht ihn auf*) Also! Kommen Sie mit mir!

FRAU KELLER   Was ist denn nicht in Ordnung? Die _____ sind bloß Geschenke für meine Freunde.

Tage / Diamanten / Grund / Ausweis / Rucksack / Österreich / Freunde / zollpflichtig / verzollen / fahren

4 *On the left are the beginnings of certain sentences and on the right are the endings, in a jumbled order. Find the German for the sentences beneath by matching up beginnings and endings.*

Hier ist	zur Buchmesse?
Wie lange bleiben Sie	mit zum Büro.
Fahren Sie	in der Schweiz?
Was haben Sie	eine Friedensdemonstration.
Kommen Sie bitte	mein Paß.
Machen Sie	zollfrei?
Sind diese Ringe	das Paket bitte auf.
Ich besuche	zu verzollen?

a) Open the parcel, please.
b) What do you have to declare?
c) Are you going to the book fair?
d) Here's my passport.

e) Would you come to the office, please?
f) I'm going on a peace demonstration.
g) Are these rings duty free?
h) How long are you staying in Switzerland?

5 *You are at a border crossing. Can you get by in German?*

ZOLLBEAMTE Ausweis, bitte . . . Wohin fahren Sie?
SIE [Say you are going to Hamburg]
ZOLLBEAMTE Und der Grund Ihres Besuchs?
SIE [Say you are visiting an author in Hamburg]
ZOLLBEAMTE Wie lange bleiben Sie in Deutschland?
SIE [You are staying for two weeks]
ZOLLBEAMTE Haben Sie etwas zu verzollen?
SIE [You have nothing to declare]
ZOLLBEAMTE Machen Sie die Reisetasche bitte auf. Ah! Gold!
SIE [Offer to give the gold as a present to the customs official]
ZOLLBEAMTE Sie sind einfach zu nett. Kommen Sie mit zum Büro.

6 *Now make up sketches of your own. Here are some ideas and vocabulary you can use.*

Goldhändler(in)	trägt einen dicken Mantel, aber das Wetter ist warm.
Diamanten-schmuggler(in)	fährt nach Amsterdam.
Schüler(in)	besucht einen Brieffreund/eine Brieffreundin.
Urlauber(in)	fährt zum nächsten Campingplatz.
Politiker(in)	besucht eine Konferenz.
Spion	hat Mikrofilm im Kugelschreiber.
Autostopper(in)	hat Geschenke für seine/ihre Familie.
Musiker(in)	bringt nur einen Geigenkasten über die Grenze.

der Goldbarren	gold ingot	**ich habe Eile**	I'm in a hurry
die Juwelen	jewels	**wichtig**	important
wertlos	worthless	**Urlaubsbilder**	holiday snaps
englische Bücher	English books	**der Geheimsender**	secret transmitter
das Zelt	tent	**überall**	everywhere
auf Urlaub	on holiday	**der Geigenkasten**	violin case

Extra vocabulary

1

auf Urlaub	on holiday
flüstert Jo etwas zu	whispers something to Jo
die Armbanduhr	wristwatch
das Handgelenk	wrist

2

toller Witz!	great joke!
der Beruf	job, profession
die Hörprobe	audition
spitze	great, fantastic
die Hauptsache	the main thing

3

dringend	urgent
entkommen	escape(d)
das Klavier	piano
die Verbindung	connection
das Nilpferd	hippopotamus

4

die Obsttorte	fruit flan
satt	full (not hungry)
entdecken	to discover
die Werbung	advertising
der Quatsch	nonsense

5

die Speisekarte	menu
empfehlen	to recommend
die Pilzsauce	mushroom sauce
lecker	tasty
der Nachtisch	dessert
die Rechnung	bill
der Schein	(bank)note

6

der Hotelbesitzer	hotel owner
das Ehepaar	married couple
die Mehrwertsteuer	V.A.T.
schmeißen	to throw, chuck
der Schlüssel	key

7

die Sonnenbrille	sunglasses
der Spazierstock	walking stick
der Geldwechsel-schalter	money changing counter
der Reisescheck	traveller's cheque
die Kasse	till

8

das Verkehrsamt	tourist information office
der Ausflug	excursion
das Einkaufs-zentrum	shopping centre
uralt	ancient
mieten	to hire
nirgends	nowhere
das Fahrrad-geschäft	bicycle shop
das Kaff	dump, hole
Ich habe diesen Job satt	I am fed up with this job

9

die Briefmarke	stamp
die Geldanweisung	postal order
schicken	to send
das Porto	postage
der Mist	manure
der Blumenkohl	cauliflower

10

hin und zurück	there and back (i.e. return)
die Abfahrt	departure
umsteigen	to change (trains)
der Zuschlag	supplement
hat . . . Verspätung	is . . . late

11

das Raumschiff	space ship
angetrieben	powered
wolkig	cloudy
der Tankwart	petrol pump attendant
der Reifen	tyre
das Ersatzteil	spare part
die Zapfsäule	petrol pump
verpesten	to pollute
prüfen	to check

12

hüpfen	to hop
die Bauch-schmerzen	stomach pains
der Husten	cough
der Arzt	doctor